弁護士
著 田中浩之 ・ 弁護士 北山 昇

令和2年改正
個人情報保護法

Q&A

[第2版]

最新のガイドライン・Q&A等をフォロー

中央経済社

はしがき

　本書は，2020年6月5日に成立した令和2年改正個人情報保護法に関する解説書である。

　個人情報保護法の前回改正は，2015年9月に成立しており，そこから約6年の歳月が経過しているが，この間の個人情報をめぐる動きは目まぐるしいものだった。

　世界に目を向ければ，欧州の一般データ保護規則（GDPR）が2018年5月に適用開始となり，米国においても，2020年1月にカリフォルニア州消費者プライバシー法（CCPA）が施行された。その他の諸外国においても，GDPRを契機とした，個人情報に関する規制強化の動きが進んでいる。

　日本においても，個人の個人情報に関する意識が従前にも増して高まってきており，個人情報をめぐる炎上事例が増加している。技術革新によるデータ利活用のニーズや越境データ移転のニーズは高まっているが，事業展開にあたり，個人情報・プライバシーの保護をおろそかにすると，企業のレピュテーションを大きく毀損してしまうリスクが高まっている。2019年には，個人情報保護委員会組成以来の初の勧告事例も登場し，世間の耳目を集めた。

　本改正法は，このような個人情報をめぐる内外の動向を踏まえて，成立したものである。

　本改正法は，2022年4月1日に全面施行されることになる。

　なお，令和2年改正個人情報保護法とは別に，2021年5月12日に，デジタル社会の形成を図るための関係法律の整備に関する法律が成立し，同年5月19日に公布され，同法によっても，個人情報保護法が改正されている（令和3年改正個人情報保護法）が，多くの民間企業には影響は少ないと考えられるため，本書では，令和3年改正個人情報保護法についての言及

は最小限にとどめており，本書の表題も，「令和2年改正個人情報保護法Q&A」としている。もっとも，令和3年改正個人情報保護法のうち，国・独立行政法人等関係の施行日は，令和2年改正個人情報保護法と同日の2022年4月1日となっており，これによって，条文番号の変更が生じることから，本書では令和3年改正個人情報保護法施行後の条文番号を括弧書きで併記している。

本書の初版では，改正法の内容をいち早くつかんでいただくことを目的に，Q&A方式の本書を改正法成立直後の2020年8月にいち早く刊行した。その後に，政令・規則が成立し，ガイドラインも確定し，個人情報保護委員会のQ&Aも更新され，解釈が明確化した点も多い。そこで，筆者らはこれらの内容を盛り込みつつ，実務上の要点を解説するというコンセプトは維持して，今般，第2版として刊行する運びとなった。

初版同様，本書には，実務上問題となりやすいポイントについてのコラムも掲載しているので，併せて参考にしていただければ幸いである。

本書の刊行にあたっては，初版に引き続き，中央経済社実務書編集部の石井直人氏に，多大なご尽力をいただいた。この場を借りて厚く御礼申し上げる次第である。

2021年12月

森・濱田松本法律事務所
弁護士　田中浩之
弁護士　北山　昇

目　　次

コラム目次

凡　例

第1章

改正個人情報保護法の全体像等

Q1 令和2年改正個人情報保護法の背景・内容・主な実務上の対応

令和2年改正個人情報保護法の改正の背景・改正内容の全体像・主な実務上の対応を教えてください。

A 令和2年改正個人情報保護法は，個人情報保護委員会による3年ごと見直し規定に基づく検討の結果行われたもので，その内容は，大きく6つのテーマに分かれ，実務上もプライバシーポリシーの見直しを含めた様々な対応が必要となります。

解説

1 令和2年改正個人情報保護法の改正の背景

　個人情報保護法は，制定から10余年が経過した後，平成27年に最初の改正がなされた。その平成27年改正の際，施行後3年ごとの見直し規定が設けられた（平成27年個人情報保護法改正法附則12条3項）。この3年ごとの見直しに関する規定に基づき，個人情報保護法を所管する個人情報保護委員会において，関係団体・有識者からのヒアリング等を行い，実態把握や論点整理等が実施された。その結果として把握された，個人の自身の個人情報に対する意識の高まり，技術革新を踏まえた保護と利活用のバランス，越境データの流通増大に伴う新たなリスクへの対応等の観点から，個人情報保護法が改正されることとなり，成立したのが令和2年改正個人情報保護法である。

2　令和2年改正個人情報保護法の全体像

　令和2年改正個人情報保護法の内容は，以下の6つのテーマに分けることができる。

1．個人の権利のあり方	・利用停止・消去・第三者提供の停止請求の要件を緩和 ・保有個人データの開示方法のデジタル化 ・第三者提供記録の開示を義務化 ・6カ月以内に消去する短期保存データが「保有個人データ」に該当 ・オプトアウト規制の強化（①届出対象事項の追加，②第三者提供を限定化） ・法に基づく公表事項の追加
2．事業者の守るべき責務のあり方	・漏えい等について，①委員会への報告，②本人への通知の義務化 ・不適正な個人情報の利用の禁止
3．事業者による自主的な取組みを促す仕組みのあり方	・企業の特定分野（部門）を対象とする団体を認定団体制度に基づき認定可能
4．データ利活用に関する施策のあり方	・氏名等を削除した「仮名加工情報」を創設し，事業者内部での目的外利用を可能にし，開示・利用停止請求への対応等の義務を緩和 ・提供先で個人データとなることが想定される情報（「個人関連情報」）の第三者提供を制限
5．ペナルティのあり方	・法定刑を引き上げ，法人処罰への重科（1億円以下の罰金）を導入 ・個人情報保護委員会は事業者の命令違反を公表できる
6．法の域外適用と越境移転のあり方	・外国事業者に対する法執行の域外適用の強化 ・越境移転規制の強化（同意の際の情報提供の充実と基準適合体制整備の際の継続的な対応／情報提供義務等）

3 取り扱っている情報の棚卸し（データマッピング）および対応TO DOの整理

(1) データマッピング総論

　令和2年改正法に対応する前提として，まずは，事業者内の各部署において，現に取り扱っている，または取り扱う予定のある個人に関する情報を把握し，令和2年改正法の内容を踏まえて対応のTODOを早急に整理する必要がある。なお，域外適用の拡大により新たに適用を受ける企業（Q59）は，令和2年改正法に限らず，全面的な個人情報保護法対応を行うことになる。

　令和2年改正法の観点からは，特に，①保有個人データに含まれることとなった6カ月以内に消去する短期保存データの把握，②個人関連情報の規制を受ける行為の有無，③外国にある第三者への個人データの提供の状況，④外的環境の把握（(2)参照）が重要なポイントとなる。また，不適正な方法により個人情報を利用（Q21, Q22）していないかについてもチェックをすることになる。

(2) 外的環境の把握

　令和2年改正により，安全管理措置として，事業者が外国において個人データを取り扱う場合，当該外国の個人情報の保護に関する制度等を把握した上で，個人データの安全管理のために必要かつ適切な措置を講じることが求められることとなった（外的環境の把握。Q25参照）。外国において個人データを取り扱う場合とは，事業者が外国にある支店・営業所で個人データを取り扱わせる場合や，外国にある第三者に個人データの取扱いを委託（再委託以降を含む）する場合，外国のクラウド事業者を用いる場合，外国で従業員にテレワークをさせる場合等が含まれる。外国の制度等を把握した上で安全管理措置を講じる場合には「保有個人データの安全管理のために講じた措置」として，外国の名称を明らかにし，当該外国の制

度等を把握した上で講じた措置の内容を本人の知り得る状態に置く必要が
ある（法27条（32条）1項4号，施行令8条1号）。ここでは，拠点等の
所在国（外国テレワークの場合は従業員の所在国含む）およびサーバの場
所の双方が対象となるため，外国にある第三者への提供に比しても規制対
象は広範である。これにより，データマッピングにおいては，外的環境の
把握が重要になるが，上記のとおり，外的環境の外延はかなり広範であり，
これらを把握するのには時間がかかる。したがって，未だこの点について
の把握作業をはじめていない企業としては，外的環境の把握に一刻も早く
取りかかる必要があると考えられる。

4　プライバシーポリシーの改訂等

　各企業において，プライバシーポリシーの改訂作業が必要になると考え
られる（Q23〜25）。なお，保有個人データに関する公表等事項については，
上記の外的環境の把握を含め，問い合わせに応じて遅滞なく回答すること
でも足りるため，プライバシーポリシーですべてを公表することは必須で
はないが，その場合でも，聞かれたらすぐに答えられるように準備してお
くことは必要となる。

5　内部規程の改訂

　個人データの取扱規程を令和2年改正法に合わせ改訂する必要がある。
特に，改訂ポイントとなるのは，保有個人データの権利行使対応（Q4〜
10）・個人データの漏えい等の対応（Q14〜20）・外国にある第三者への個
人データを提供する場合の規律（Q60〜64），個人関連情報の取扱い（Q42
〜52）となる。また，仮名加工情報制度（Q30〜41）を利用する場合には，
これに関する定めも加えることになる。

6 漏えい等対応・保有個人データの権利行使対応の体制整備

令和2年改正法に対応するための権利行使対応（Q4〜10）・個人データの漏えい等の対応（Q14〜20）の体制整備が必要となる）。具体的には業務フローの確認や必要に応じた内部規程等の整備が中心となると考えられる。第三者提供記録の開示請求権（Q8）が創設されたことに伴い，改めて法的に作成が必要な第三者提供記録が作成されているかのチェックと開示請求があった場合の開示対応も考えておくことも必要となる。

7 外国にある第三者提供の規制強化への対応

外国にある第三者提供規制の強化（Q60〜64）により，外国にある第三者提供を適法に行うための対応（同意取得にあたって提供する情報の追加や契約の整備等）が必要となる。この対応のオプションは複数あり，それぞれにメリット・デメリットもあるから，まずは法的根拠としてどのオプションを選択するか決める必要がある。

8 個人関連情報規制導入への対応

個人関連情報規制（Q42〜52）の導入により，規制の適用を受ける場合には同意取得・確認という対応が必要になる。そもそも規制を受けるかどうかの判断も複雑であり，場合によってはシステムの変更作業が必要となることも想定され，さらに，個人関連情報の提供行為の相手方との間で法的整理を共有しておく必要がある。相当の工数が想定されることを考慮すれば，ある程度の余裕をもった対応が望まれる。改正法施行前から同意を取得しておくことは可能であり，本人から同意を取得するのには時間もかかることから，可能な限りで前倒しの対応を進めたいところである。

9 オプトアウト規制強化への対応

オプトアウト規制強化により，オプトアウト届出を行っているまたは行

う予定がある企業については，規制強化への対応として，新たに追加された禁止事項に抵触しないかのチェックや追加事項の通知・届出が必要である（Q11，Q12）。

10　仮名加工情報制度を活用する場合の対応

仮名加工情報については，仮名加工情報として取り扱われるものとして作成する意図を有する者にのみかかることになり，無意識のうちに規制が適用されてしまうことはないため，仮名加工情報制度による恩恵を受けたい企業が対応を検討すれば足りることにはなるが，仮名加工情報制度を活用する企業は，法令の要件を遵守するための対応が必要である（Q30〜41）。

11　従業員研修

人的安全管理措置の一環として，従業員の教育が必要である。個人データの取扱いに係る規律をいかに整備したところで，実際に個人データを取り扱う従業員が内容を理解していなければ意味がない。そのため，令和2年改正を踏まえた，事業者内での新たな個人データの取扱いに関する留意事項について，従業員に対する研修を行うことになる。なお，データマッピングの前提として，どのような情報を把握するべきかの理解度を高めるための改正法の概要に関する研修をデータマッピング対象者に対して実施することは有益であると考えられる。

12　Q&A改正への対応チェック（特に委託関係）

すでに2021年9月10日付で改正法に対応したQ&A（未施行）が公表されており，また，2021年9月30日付でその一部を先取りする形ですでに現行法のQ＆Aも公表されておりこれはすでに効力を生じているため，これらの内容を確認して，何か対応すべきことがないかをチェックすることに

ついては優先的に進めておく必要がある。特に，委託に関するQ&Aが複数追加されており，重要である（これらについては，182頁のコラムを参照）。

Q2　改正法施行に向けたスケジュール

　今回の改正法が施行されるまでのスケジュールについて教えてください。

A　改正法は，2022年4月1日に全面施行されます。

解説

　今回の改正法は，2020年6月5日に成立し，同月12日に公布された。改正法は，公布の日から起算して2年を超えない範囲内において政令で定める日から施行することとされ（附則1条），個人情報の保護に関する法律等の一部を改正する法律の施行期日を定める政令により，2022年4月1日に全面施行されることとされた。なお，法定刑の引上げに関する規定（法83条（173条）から法87条（179条））は，2020年12月12日に施行され，オプトアウトにより個人データを第三者に提供しようとする際の経過措置については，2021年10月1日に施行された。

　改正個人情報保護法関係の政令・規則案については，2020年12月25日から2021年1月25日までに実施された意見募集手続を経て，同年3月24日に公布されている。ガイドライン案は，2021年5月19日に公表され，同年6月18日までの意見募集手続を経て，同年8月2日に，確定版が公表された。改正個人情報保護法関係を含めたQ&Aの改正版は，2021年9月10日に公表された。また，2021年9月30日付でこの未施行の改正対応版のQ&Aを一部先取りする形ですでに現行法のQ&Aも公表されており，これはすでに効力を生じている。

　なお，改正法により，法律の施行後3年「ごと」の見直し規定が，法律の施行後3年「を目途として」見直す規定に改正された（附則12条3項）。

これにより，３年を待たずにあるいは３年を超えて次回の見直しがされる可能性がある。

　令和２年改正法とは別に，2021年５月12日に，デジタル社会の形成を図るための関係法律の整備に関する法律（整備法）が成立し，同年５月19日に公布された。整備法によっても，個人情報保護法が改正されており（令和３年改正個人情報保護法。概要については，Q3参照），整備法50条の地方公共団体・地方独立行政法人関係以外の定めについては，公布の日から起算して１年を超えない範囲内において政令で定める日に施行するとされ，これは，令和２年改正個人情報保護法と同日の2022年４月１日となる。

　整備法51条の地方公共団体・地方独立行政法人関係の定めの施行日は公布の日から起算して２年を超えない範囲内において政令で定める日とされている。

　令和３年改正個人情報保護法によって，条文番号の変更が生じることから，留意が必要である（本書では令和３年改正個人情報保護法施行後の条文番号を括弧書きで併記する）。

Q3　令和3年改正個人情報保護法の概要

令和3年改正個人情報保護法の改正概要を教えてください。

A　令和3年改正個人情報保護法の主な改正のポイントは，①民間事業者と国・独立行政法人等，地方公共団体・地方独立行政法人の個人情報保護法制の統合，②医療分野・学術分野の規制を統一するため，国公立の病院，大学等には原則として民間の病院，大学等と同等の規律を適用，③学術研究分野を含めたGDPRの十分性認定への対応を目指し，学術研究に係る適用除外規定について，一律の適用除外ではなく，義務ごとの例外規定として精緻化することです。

解説··

1　令和3年改正個人情報保護法とは

　2021年5月12日に，デジタル社会の形成を図るための関係法律の整備に関する法律（整備法）が成立し，同年5月19日に公布された。整備法は，これらのデジタル改革関連法の1つとして成立しており，デジタル化のために関係規定を整備しているが，個人情報保護法を大幅に改正することも大きな改正項目となっている。整備法のうち，50条が地方公共団体・地方独立行政法人関係以外の，51条が地方公共団体・地方独立行政法人関係の個人情報保護法の改正に関する内容となっており，主な改正のポイントは以下の3つとなる。なお，施行日については，Q2を参照されたい。

①　民間事業者と国・独立行政法人等，地方公共団体・地方独立行政法人の個人情報保護法制の統合

② 医療分野・学術分野の規制を統一するため，国公立の病院，大学等には原則として民間の病院，大学等と同等の規律を適用

③ 学術研究分野を含めたGDPR（General Data Protection Regulation：一般データ保護規則）の十分性認定への対応を目指し，学術研究に係る適用除外規定について，一律の適用除外ではなく，義務ごとの例外規定として精緻化

2 個人情報保護法制の統合

現在，個人情報保護法は，全体的な理念等を規定する基本法部分（第1章から第3章まで）があり，そこは官民を問わず適用されるが，個人情報の取扱いに関する具体的な義務（第4章）は民間事業者（個人情報取扱事業者）のみを対象としている。公的部門に関しては，国の行政機関に適用される「行政機関の保有する個人情報の保護に関する法律」（以下「行個法」という），独立行政法人等に適用される「独立行政法人等の保有する個人情報の保護に関する法律」（以下「独個法」という），各地方公共団体に適用される個人情報保護条例と主体によって適用される法律等が異なる。特に，地方公共団体の条例は，各地方公共団体ごとに異なっているため，日本に存在する個人情報保護法制の数は膨大なものとなり，また，細分化による抜け漏れが原因で，適用される個人情報保護法制が存在しない団体も存在していた。令和3年改正個人情報保護法により，行個法および独個法は廃止され，個人情報保護法に一元化される。また，個人情報の取扱いに関する監視・監督権限が個人情報保護委員会に一元化される。

なお，個人情報保護法は，それ単体では特定の個人を識別することができない情報についても他の情報と容易に照合することができ，これによって特定の個人を識別することができる情報を個人情報としている（法2条1項1号）一方，行個法・独個法は他の情報との照合にあたって「容易性」の要件を付しておらず（行個法2条2項1号等）不統一であったが，令和

３年改正個人情報保護法では，従前の個人情報保護法の定義が変更なくそのまま採用される形で統一されている。

個人情報保護法上の匿名加工情報と行個法・独個法上の非識別加工情報は，両者とも「匿名加工情報」という名称に統一される[1]。

統合といっても，すべての主体に全く同じ規律を課すわけではなく，それぞれの法律等における特色を残しつつ，官民のデータ流通を円滑にするための統合措置が行われることとされている。

地方公共団体については，全国的な共通ルールを設定しつつ，条例では，法律の範囲内で，必要最小限の独自の保護措置を講じることを許容しており，当該条例を個人情報保護委員会に届け出るものとされている。

3　学術研究分野における規制の統一

現行法上，学術研究分野においては，例えば以下のとおり，主体によって適用される法令が異なっていたため，適用される規律も異なっていた。

主　体	適用法令
国立大学・国立病院	独個法
公立大学・公立病院	地方公共団体が定める個人情報保護条例
私立大学・民間研究機関・民間病院	個人情報保護法

令和３年改正個人情報保護法では，国公立の病院，大学等の法人（規律移行法人）については，原則として民間の病院，大学等と同等の規律を適用する。ただし，開示，訂正および利用停止に係る取扱いや行政機関等匿名加工情報の提供等については，公的部門の規律が適用される。

1　また，行個法・独個法上の民間事業者からの提案に応じて匿名加工した情報（行政機関非識別加工情報または独立行政法人等非識別加工情報）の提供制度は，令和３年改正により，「行政機関等匿名加工情報」（60条３項）の提供制度として個人情報保護法の中に組み入れられることとなる（107条以降）。

4 学術研究における適用除外規定の精緻化

　現行の個人情報保護法では，大学その他の学術研究を目的とする機関もしくは団体またはそれらに属する者による学術研究の用に供する目的での個人情報の取扱いについて，一律に個人情報取扱事業者に課される義務を適用除外とする旨が定められている（法76条1項3号）。

　令和3年改正では，76条の適用除外に相当する規定が57条にスライドしているが，76条1項3号の学術研究機関に関する規定が削除され，一律の適用除外規定は廃止される。

　その代わり，本人の同意なく第三者に対して提供できる例外：法23条（27条）1項において，以下の3つの例外規定が追加されている。本改正は，EEA（European Economic Area：欧州経済領域）および英国から日本への個人データの移転の法的根拠である十分性認定（GDPR45条）が適用除外がある個人情報の取扱いについて対象外となっているところ，学術研究機関についての一律の適用除外規定を廃止することで，学術研究分野を含めた十分性認定への対応を目指すものである。

①　個人情報取扱事業者が学術研究機関等であり，個人データの提供が学術研究の成果の公表または教授のためやむを得ないとき（個人の権利利益を不当に侵害するおそれがある場合を除く）

②　個人情報取扱事業者が学術研究機関等であり，学術研究の用に供する目的（学術研究目的）で個人データを提供する必要があるときであって，提供元と提供先が共同して学術研究を行う場合（提供目的の一部が学術研究目的である場合を含むが，個人の権利利益を不当に侵害するおそれがある場合を除く。③についても同じ）

③　提供先の第三者が学術研究機関等である場合であって，当該第三者が当該個人データを学術研究目的で取り扱う必要があるとき

　上記の②，③については，同種の規定が，個人情報の目的外利用の禁止の例外：法16条（18条）と，要配慮個人情報を本人の同意なく取得できる例外：法18条（20条）2項にも追加されている。

　プライバシーポリシーや内部規程等で学術研究における適用除外について定めている場合は，この改正に対応した改訂が必要となる。

第2章

個人の権利のあり方に関する改正

Q4 個人データに関する個人の権利のあり方

個人データに関する個人の権利のあり方についての改正のポイントを教えてください。

A ①保有個人データの利用停止，消去，第三者提供の停止の請求に係る要件の緩和，②保有個人データの開示のデジタル化の推進，③開示等の対象となる保有個人データの範囲の拡大，④オプトアウト規制の強化，の４つがポイントです。

解説‥‥‥‥‥‥‥‥‥‥‥‥‥‥‥‥‥‥‥‥‥‥‥‥‥‥‥‥‥‥‥‥‥‥‥

個人データに関する本人の関与に関する部分については，本人からの事業者の取扱いに対する不満等の中でも，事業者固有の対応への意見にとどまらず，制度に関連する意見も多く見られたこと等もあり[1]，改正法では，以下の４つのポイントで，個人データに関する個人の権利のあり方に関する改正が加えられた。

1　利用の停止，消去，第三者提供の停止の請求に係る要件の緩和

まず，１つ目は，保有個人データの利用停止，消去，第三者提供の停止の請求に係る要件の緩和である。これは，保有個人データに関する本人の関与を強化する観点から，保有個人データの利用停止等の請求，第三者提供の請求に係る要件を緩和し，個人の権利の範囲を広げることを意図するものである。

1　大綱7頁。

2　保有個人データの開示のデジタル化の推進

　2つ目は，保有個人データの開示のデジタル化の推進である。改正法により，本人は電磁的記録の提供を含め，保有個人データの開示方法を指示できるようになる。これにより，開示請求で得た保有個人データの利用等における本人の利便性が向上することを期待できる。

3　開示等の対象となる保有個人データの範囲の拡大

　3つ目は，開示等の対象となる保有個人データの範囲の拡大である。情報化社会の進展によるリスクの変化を踏まえ，本人の開示等の請求対象となる保有個人データについて，従来は保存期間により保有個人データの範囲が限定されていたが，改正法により保存期間にかかわりなく保有個人データに該当することとなる。

4　オプトアウト規制の強化

　4つ目は，オプトアウト規制[2]の強化である。名簿の流通により本人の関与が困難となっている現状を踏まえ，改正法により，オプトアウト規定により第三者に提供できる個人データの範囲が限定される。また，オプトアウトの行使の実効性を高めるため，現在，個人情報取扱事業者に義務づけられている個人データの第三者提供時・第三者からの受領時の記録を，本人が開示請求できるようになる。

2　本人の求めがあれば事後的に停止することを前提に，提供する個人データの項目等を公表等した上で，本人の同意なく第三者に個人データを提供できる制度（法23条（27条）2項参照）。

Q5 短期保存データの取扱い

これまで保有個人データとして扱っていなかった短期保存データも保有個人データとして扱う必要がありますか。

A 改正法により6カ月要件が撤廃されるため，短期保存データも保有個人データとして扱う必要があります。

解説···

1 現行法上の保有個人データの定義

現行法上，保有個人データは本人からの開示，内容の訂正，追加または削除，利用の停止，消去および第三者への提供の停止の対象であるが，1年以内の施行令で定める期間以内に消去することとなるものが除外されている（2条7項）。この政令で定める期間については，現行の施行令5条の規定により6カ月とされている。つまり，現行法上は，個人データのうち，6カ月以内に消去することとしているものは，「保有個人データ」ではなく，本人からの開示等の請求に応じる義務はない（6カ月要件）。これは，短期間で消去される個人データについては，取り扱われる時間が限られており，個人の権利利益を侵害する危険性が低く，また，本人の請求を受けて開示等が行われるまでに消去される可能性も高いことから，個人情報取扱事業者に請求に対応するコストを負担させることの不利益が，本人に開示等を請求する権利を認めることの利益を上回るものと考えられたためである[3]。

---

3 大綱10頁。

2　改正法による6カ月要件の撤廃

　しかし，情報化社会の進展により，この点を理由とすることが難しくなった。すなわち，短期間で消去される個人データであっても，その間に漏えい等が発生し，瞬時に拡散する危険が現実のものとなっている。このように，短期間で消去される個人データについても，個人の権利利益を侵害する危険性が低いとは限らず，また，すでに消去されていれば，請求に応じる必要もないことから，個人情報取扱事業者に請求に対応するコストを負担させることの不利益が，本人に開示等を請求する権利を認めることの利益を上回るとはいえないものと考えられる[4]。また，比較法的にも6カ月要件は珍しいものであった。

　そこで，改正法では，本人の開示請求等の請求対象となる保有個人データについて，保存期間により限定しないこととし，現在除外されている6カ月以内に消去する短期保存データを保有個人データに含めることとされている（法2条7項（16条4項））。これにより，現行法の下で6カ月以内に消去することにより，権利行使の対象外であるとの整理をしていた事業者は，整理を見直す必要があるため留意が必要である。

3　実務上の対応

　短期保存データが保有個人データに含まれることとなったことにより，事業者は本人からの開示等請求等に対応する必要が生じるものの，開示等の請求に応じるためだけに短期保存データを保存する義務があるわけではない[5]。また，開示請求等の対象となるのは，保有個人データ（法2条7項（16条4項））であるから，個人情報データベース等（法2条4項（16条1項））を構成するものである必要がある。検索することができないように

4　大綱10～11頁。
5　一問一答10頁。なお，利用目的を達成した場合には，事業者は遅滞なく消去するよう努める必要がある（法19条（22条））。

体系的に構成されていない，いわゆる散在情報については，従来同様，開示請求等の対象とならない[6]。

保有個人データの開示や利用停止等の請求については，各規定において例外規定が設けられている。例えば，「業務の適正な実施に著しい支障を及ぼすおそれがある場合」（法28条（33条）2項2号）に該当する場合には，開示請求に応じる義務はない。

「著しい支障を及ぼすおそれ」に該当する場合とは，個人情報取扱事業者の業務の実施に単なる支障ではなく，より重い支障を及ぼすおそれが存在するような例外的なときに限定され，単に開示すべき保有個人データの量が多いという理由のみでは，一般には，これに該当しないが，例えば，以下のような事例が該当するものとされる[7]。

①　試験実施機関において，採点情報のすべてを開示することにより，試験制度の維持に著しい支障を及ぼすおそれがある場合
②　同一の本人から複雑な対応を要する同一内容について繰り返し開示の請求があり，事実上問合せ窓口が占有されることによって他の問合せ対応業務が立ち行かなくなる等，業務上著しい支障を及ぼすおそれがある場合
③　電磁的記録の提供にふさわしい音声・動画ファイル等のデータを，あえて書面で請求することにより，業務上著しい支障を及ぼすおそれがある場合

短期保存データが開示等請求対象となることにより，従来より，相対的に同請求を受ける可能性が高くなることから，開示等請求をされてから慌てないように，どのような場合が例外規定に該当するかについて，あらかじめ整理しておくべきであろう。

6　一問一答10頁。
7　ガイドライン通則編3-8-2。

Q6　保有個人データの開示方法

保有個人データの開示請求を受けた場合，どのような方法で開示する必要がありますか。

A　改正法では，本人が，電磁的記録の提供を含め，開示方法を指示できるようになり，請求を受けた個人情報取扱事業者は，原則として，本人が指示した方法により開示することが義務づけられます。

解説

1　現行法上の保有個人データの開示方法

現行法上，保有個人データの開示の提供形式は，「書面の交付による方法」を原則とし，「開示の請求を行った者が同意した方法があるときは，当該方法」とされている（現行の施行令9条）。すなわち，本人が保有個人データの開示請求をした際に，電磁的記録による提供を希望したとしても，事業者がこれに同意しなければ，書面で提供されることとなっている。

2　改正法による開示のデジタル化の推進

しかし，開示請求の対象となる保有個人データについては，情報技術の進展により，膨大な情報を含む場合があるところ，当該保有個人データを印字した書面を交付された本人にとっては，検索も困難であり，その内容を十分に認識することができないおそれがある。特に当該保有個人データが音声や動画である場合は，その内容を書面上に再現すること自体が困難である。このように，書面による開示では，当該保有個人データの取扱状況を十分に明らかにすることができず，これを前提に訂正等ならびに利用

停止等および第三者提供の停止の請求を行うことが困難なケースがある。また，開示された個人データを本人が利用する場面で，電磁的形式であるほうが利便性が高い場合も少なくない[8]。

　そこで，改正法では開示請求で得た保有個人データ等の利用等における本人の利便性向上の観点から，本人が，電磁的記録の提供を含め，開示方法を指示できるようにし，請求を受けた個人情報取扱事業者は，原則として，本人が指示した方法により開示することが義務づけられた（法28条（33条）1項・2項）。

3　電磁的記録の提供による方法

　電磁的記録の提供による方法については，例えば，ファイル形式などを本人がさらに細かく指定できる制度とすることは想定されていない。事業者がファイル形式や記録媒体などの具体的な方法を定めることができる。ただし，開示請求等で得た保有個人データの利用等における本人の利便性向上の観点から，可読性・検索性のある形式による提供や，技術的に可能な場合には，他の事業者へ移行可能な形式による提供を含め，できる限り本人の要望に沿った形で対応することが望ましいとされる[9]。

　ガイドラインでは，電磁的記録の提供による方法として，以下の例が紹介されている[10]。

【電磁的記録の提供による方法の事例】
① 　電磁的記録をCD-ROM等の媒体に保存して，当該媒体を郵送する方法
② 　電磁的記録を電子メールに添付して送信する方法

8　前掲注3と同じ。
9　前掲注7と同じ。
10　前掲注7と同じ。

> ③　会員専用サイト等のウェブサイト上で電磁的記録をダウンロードして
> 　もらう方法
> 【その他当該個人情報取扱事業者の定める方法の事例】
> ①　個人情報取扱事業者が指定した場所における音声データの視聴
> ②　個人情報取扱事業者が指定した場所における文書の閲覧

4　本人の指定した方法による開示を拒否できる場合

　個人情報取扱事業者は，本人が開示方法を指定した場合であっても，当該方法による開示に多額の費用を要する場合その他の当該方法による開示が困難である場合にあっては，書面の交付による開示が認められる（法28条（33条）2項かっこ書）。この本人が指定した方法による開示が困難であるときは，本人に対し，遅滞なくその旨を通知しなければならず（同条3項），その上で，書面の交付による方法により開示を行わなければならない。

　「当該方法による開示が困難である場合」の例としては，以下のものが挙げられる[11]。

① 　本人が電磁的記録の提供による開示を請求した場合であって，個人情報取扱事業者が当該開示請求に応じるために，大規模なシステム改修を行わなければならないような場合
② 　本人が電磁的記録の提供による開示を請求した場合であって，書面で個人情報や帳簿等の管理を行っている小規模事業者が，電磁的記録の提供に対応することが困難な場合

5　開示そのものを拒否できる場合

　現行法上の取扱いと同様，個人情報取扱事業者は，保有個人データを開

11　前掲注7と同じ。

示することにより，①本人または第三者の生命，身体，財産その他の権利
利益を害するおそれがある場合，②当該個人情報取扱事業者の業務の適正
な実施に著しい支障を及ぼすおそれがある場合，③他の法令に違反するこ
ととなる場合には，その保有個人データの全部または一部を開示しないこ
とができる（法28条（33条）2項ただし書）。この場合，個人情報取扱事業
者は，全部または一部について開示しない旨の決定をしたことを，本人に
対し遅滞なく通知しなければならない（法28条（33条）3項）。

　上記4のとおり，法28条2項において，本人が指定した方法による開示
が困難である場合には，書面の交付による方法での開示が義務づけられる。
同規定は，本人が指定した方法による開示に多額の費用を要する場合等も
あるため，事業者の負担に配慮したものであるが，同規定を濫用する形で，
電磁的記録の提供にふさわしい音声・動画ファイル等のデータを，個人が，
業務を妨害するために，あえて書面で請求するような場合は，「業務の適
正な実施に著しい支障を及ぼすおそれ」があるとして，開示請求自体に応
じる必要はないと考えられる[12]。

6　実務への影響

　現行法上，本人が電磁的記録の提供による方法によることを求めても，
事業者側がこれを拒むことができたが，改正法により，例外要件を充足し
ない限り，これを拒むことはできなくなる。なお，現行法の下でも，実務
上，データの量が多い場合には，書面での開示は手間であるため，本人の
同意を得た上で保有個人データを電磁的記録による方法により開示するこ
とも多く，すでにそのような対応をしてきた企業には影響はないことにな
る。

12　前掲注7と同じ。

─ **コラム** ─────────────────────────────

データ・ポータビリティの権利

　EUの一般データ保護規則（GDPR）では「データ・ポータビリティの権利」が認められている（GDPR20条）。データ・ポータビリティの権利とは，データ主体において，管理者に提供した自己に関する個人データについて，①構造化され，一般的に利用され機械可読性のある形式により受け取る権利，および，②当該データを，管理者に妨害されることなく，他の管理者に移す権利である。GDPR上，この権利を行使できる場面は，個人データの処理の法的根拠が本人同意または契約に基づくものであり，かつ，自動化された手段で行われている場合に限定されている（GDPR20条1項）。また，上記②に関しては，それが技術的に可能であれば，データ主体は，個人データをある管理者から他の管理者に対して直接移行することを請求することができる（GDPR20条2項）。

　日本では，現行法上，GDPRのようなデータ・ポータビリティの権利は認められていない。現行法上，本人は，個人情報取扱事業者に対し，当該本人が識別される保有個人データの開示を請求することができるが，書面の交付による方法を原則とし，電子媒体や電話等の方法による開示は，「開示の請求を行った者が同意した」場合に限られる（法28条（33条）1項・2項，現行の施行令9条）。そのため，GDPRのように本人に対し「構造化され，一般的に利用され機械可読性のある形式」により開示されることが保証されているわけではない。また，現行法上，本人が個人情報取扱事業者から他の個人情報取扱事業者に対し，自己の保有個人データを直接移行することを請求する権利も認められていない。

　改正法の検討に際し，個人情報保護委員会において，データ・ポータビリティの権利の導入についても議論されているが，「いわゆるデータポータビリティに関連しては，既に民間における自主的取組として，情報銀行の取組も行われている……が，個人情報保護法に沿った形でこのような取組が自主的に行われることは歓迎すべきものである。一方，データポータビリティの法的な義務化については，そもそも個人の権利利益の保護といった個人情報保護の観点以外に，産業政策や競争政策といった幅広い観点が存在する。EUではGDPRで新たに導入されたところだが，ある管理者から別の管理者へ直接個人データを移行させる規定について

は，技術的に実行可能な場合に限定されている。我が国では，その必要性等について，消費者ニーズや事業者のメリット・実務負担等を含め，議論が現在様々な場で行われている段階であることから，このような議論の推移を見守る必要がある」と整理され[13]，改正法に新たな権利として導入されるには至らなかった。

なお，改正法では，現行法と異なり，保有個人データの開示請求については，電磁的記録の提供による方法を含め，本人が請求した方法による開示は認められることになった（法28条（33条）2項）。また，上記のとおり，ガイドラインでは，開示請求等で得た保有個人データの利用等における本人の利便性向上の観点から，可読性・検索性のある形式による提供や，技術的に可能な場合には，他の事業者へ移行可能な形式による提供を含め，できる限り本人の要望に沿った形で対応することが望ましいとされる。この意味では，現行法よりも，本人の権利は拡張されたとはいえるものの，GDPRに定めるデータ・ポータビリティの権利が認められたわけではない。

13　中間整理17〜18頁。

Q7　開示請求できる範囲・事項

開示請求について，本人が開示請求できる範囲や事項に変更があり
ますか。

A 開示対象となる保有個人データの範囲が拡大し，また，本人が
開示できる事項に第三者提供に係る確認記録が追加されます。

解説..

1　開示対象となる保有個人データの範囲の拡大

まず，改正法により，本人による開示請求の対象となる保有個人データ
について，保存期間による限定をしないこととされ，現行法上，保有個人
データから除外されている6カ月以内に消去することとされている短期
保存データも保有個人データに含まれることになる（Q5参照）。そのため，
この短期保存データに関しても開示請求の対象となる。

2　第三者提供に係る確認記録の開示

また，改正法により，保有個人データの開示請求に係る規定（法28条
（33条）1項～3項）は，当該本人が識別される個人データに係る第三者提
供に関する確認記録（法25条（29条）1項，26条（30条）3項）について準
用される（法28条（33条）5項）。平成27年改正法においては，個人情報の
流通に係るトレーサビリティの確保を図るため，第三者提供に係る確認記
録が義務づけられることとなったものの，この制度では，監督機関から見
たトレーサビリティは確保されるとしても，本人から見たトレーサビリ
ティは担保されないという問題があった[14]。また，個人情報の流通に係る
トレーサビリティについては，本人にとって利用停止権や請求権を行使す

る上で，必要不可欠な要素である。そこで，改正法では，第三者への提供時・第三者からの受領時の記録も，開示請求の対象とすることとされた。

3　現行法上の解釈との違い

　現行法上，保有個人データの開示請求の対象になる情報は，あくまで本人が識別される保有個人データの内容であり，本人の氏名，住所，購買履歴等，事業者がどのような内容の個人データを保有しているのかを示すものである。そのため，事業者が作成する第三者提供に係る記録そのものについては開示を請求することはできないと解されていた[15]。もっとも，この事業者が作成する第三者提供に係る記録の中に，保有個人データに該当する内容が含まれている場合には，その内容が開示されることになる。

　これに対し，改正法は，保有個人データであるか否かにかかわらず，第三者提供に係る確認記録を本人からの開示請求の対象とするものである。

　第三者提供記録の開示請求によって，以下のようなことが可能と考えられている[16]。なお，第三者提供記録の定義等については，Q8を参照。

① 　本人が事業者に対し，第三者提供を受ける際の記録の開示を請求することで，個人データの入手元等を把握すること

② 　本人が，事業者（特に名簿屋）に対し，第三者提供を行う際の記録の開示を請求することで，自らの個人データが誰に提供されたか等を把握すること

14　大綱13頁。

15　瓜生和久『一問一答　平成27年改正個人情報保護法』（商事法務，2015年）100頁。

16　一問一答78頁。

─ コラム ─────────────────────────

保有個人データの開示義務の範囲

　法律上，本人は，個人情報取扱事業者に対して，保有個人データの開示請求を することができ（法28条（33条）），個人情報取扱事業者は，これらの請求を受 けた場合には，遅滞なく対応することとされている。本人はこれらの請求を行い， 当該請求が当該個人情報取扱事業者に到達した日から2週間を経過した後は，裁 判所に対して当該請求に関する訴えを提起することができることから（法34条 （39条）1項），実務上，個人情報取扱事業者は，2週間以内を目途に何らかの対 応をすることが望ましい。

　また，本人から保有個人データの開示等の請求を受けた場合において，①開示 請求に係る保有個人データの全部または一部について開示しない旨の決定をした とき，または当該保有個人データが存在しないときはその旨（法28条（33条） 3項），②訂正等の請求に係る保有個人データの内容の全部もしくは一部につい て訂正等を行ったとき，または訂正等を行わない旨の決定をしたときは，その旨 （なお，訂正等を行ったときは，その内容を通知する必要がある。法29条（34条） 3項），③利用訂正等や第三者提供の停止の請求に係る保有個人データの全部も しくは一部について利用停止等または第三者への提供の停止を行ったときもしく は利用停止等または第三者への提供の停止を行わない旨の決定をしたとき（法30 条（35条）7項）はその旨を，本人に対し，遅滞なく通知しなければならない。 また，その通知に際して，その理由を説明することが努力義務とされている（法 31条（36条））。

　個人情報取扱事業者は，開示することにより，①本人または第三者の生命，身 体，財産その他の権利利益を害するおそれがある場合，②個人情報取扱事業者の 業務の適正な実施に著しい支障を及ぼすおそれがある場合，③他の法令に違反す ることとなる場合には，その全部または一部を開示しないことができる（法28条 （33条）2項。ただし，その決定を通知する義務がある（同条3項））。また，開 示請求を受けた時点で，すでに消去されてしまった情報は対象とならない。なお， 保有個人データの開示対象は当該本人が識別される保有個人データが対象である から，家族の氏名等，本人以外の他の個人情報は，開示の対象ではない（委員会

Q&A9－8）。

　実務上，保有個人データの開示請求に際して，「貴社が保有する私の情報のすべてを開示せよ」という請求を受けることがある。個人情報取扱事業者は，本人に対し，開示等の請求等に関し，その対象となる保有個人データを特定するに足りる事項の開示を求めることができるが（法32条（37条）2項），同項は，本人に対し，開示を請求する保有個人データの範囲を一部に「限定」する義務を課すものではなく，また，個人情報取扱事業者に対し，本人が開示を請求する範囲を「限定」する権利を認めるものでもない。同条項では，当該本人が識別される保有個人データの特定に必要な事項（住所，ID，パスワード，会員番号等）の提示を求めることが想定されているが，個人情報取扱事業者が，同一の本人について，さまざまな保有個人データを保有していることが多いことから，対象となる保有個人データを特定するに足りる事項の提示を求め，本人がこれに応じて，開示を請求する範囲を一部に特定した場合には，その範囲で開示すれば足りる（委員会Q&A9－7参照）。もっとも，本人が，一部に特定せず，全部の保有個人データの開示を請求する場合には，法28条（33条）2項各号の例外に該当しない限り，全部の開示に応じる必要がある。

　このように個人情報取扱事業者が開示する保有個人データの範囲を限定することはできないが，開示するに際して，本人とコミュニケーションをとり，開示の範囲を一部に特定することは，本人が希望する限り可能である。また，全部の開示に時間を要する場合には，一度にまとめて開示するのではなく，本人の希望に応じて早めに準備できるものから順次開示することも可能と考えられる。

コラム

保有個人データの開示内容を解説する義務

　例えば，個人情報取扱事業者が，会員の氏名，住所，年齢，会員ID等の属性情報のほかサービスの利用履歴やクッキー情報も属性情報と紐付けて管理している場合，保有個人データに該当する可能性がある。これらを会員に開示する際，当該事業者で管理用に用いているIDやクッキー情報についての詳細な説明・解説等

をつける必要があるかという問題がある。この点，個人情報取扱事業者が開示を義務づけられるのは，あるがままの保有個人データの内容についてであり，それが保有個人データの内容に含まれているものでなければ，当該データの入手先等について新たな情報を作成してまで開示させる趣旨ではない。そのため法律上は，保有個人データの各項目についての解説等をつけることも求められていない。

　したがって，管理用IDやクッキー情報を含めて開示する場合，本人は当該情報を見てもその意味を容易に理解できない場合があり得るが，現行法上は，各個人データの項目の説明を付すことまでは法的義務ではないと解される。改正法上も，開示した保有個人データについて解説する義務等は追加されていない。

Q8 第三者提供に係る確認記録

　第三者提供に係る確認記録が開示対象となったことで，確認記録の
方法について何か留意すべき点はありますか。

A 本人に提供する可能性があることを前提に第三者提供に係る記
録を作成すべきです。

解説 ··

1 第三者提供記録の定義

　第三者提供記録とは，法25条（29条）1項および26条（30条）3項の記
録である。ただし，第三者への提供時・第三者からの受領時の記録の存否
が明らかになることにより公益その他の利益が害されるものとして政令
で定められた，次の(1)から(4)までに掲げるものは除かれる（法28条（33条）
5項，施行令9条（11条））。また，明文または解釈により法25条（29条）
1項または26条（30条）3項の規定が適用されない場合において，これら
の規定に基づくことなく作成された記録は第三者提供記録に含まれない。

(1) 当該記録の存否が明らかになることにより，本人または第三者の生命，
身体または財産に危害が及ぶおそれがあるもの

(2) 当該記録の存否が明らかになることにより，違法または不当な行為を助
長し，または誘発するおそれがあるもの

(3) 当該記録の存否が明らかになることにより，国の安全が害されるおそれ，
他国もしくは国際機関との信頼関係が損なわれるおそれまたは他国もしく
は国際機関との交渉上不利益を被るおそれがあるもの

(4) 当該記録の存否が明らかになることにより，犯罪の予防，鎮圧または捜

査その他の公共の安全と秩序の維持に支障が及ぶおそれがあるもの

　上記(4)の事例としては，警察の犯罪捜査の協力のために，事前に取得していた同意に基づき，犯罪者を本人とする個人データの提供を行った場合に作成された記録が挙げられる[17]。

2　第三者提供に係る確認記録の範囲についての現行法との違い

　現行法上，個人情報取扱事業者は第三者提供に係る記録を作成する義務を負っているが，それに保有個人データに該当する内容が含まれていないのであれば，本人からの請求に応じて開示をする義務があるという前提に立つ必要はなかった。しかし，改正法により，第三者への提供時・第三者からの受領時の記録が開示請求の対象となることで，個人情報取扱事業者は，これらの記録を開示する前提で作成しておく必要があることになる。

　もっとも，今回の改正は，本人から請求があった場合に，本人に対して第三者提供記録を開示することを求めるものであり，事業者が確認・記録すべき範囲は，現行法と変わるものではない。現行法上，個人情報保護法に基づいて記録を作成する必要がない場合においては，改正法の施行後も引き続き，記録を作成する必要はなく，（上記1の定義のとおり）開示請求対象となるわけではない[18]。なお，後記4のとおり，第三者提供記録に該当するとしても，第三者提供記録の不開示事由に該当する場合は，その全部または一部を開示しないことができる。

3　開示の方法

　第三者提供記録の開示に際しては，保有個人データの開示と同様，本人に対し，電磁的記録の提供による方法，書面の交付による方法その他当該

17　ガイドライン通則編3−8−3−1。

18　一問一答79頁。

個人情報取扱事業者の定める方法のうち本人が請求した方法（当該方法による開示に多額の費用を要する場合その他の当該方法による開示が困難である場合にあっては，書面の交付による方法）により，遅滞なく，当該第三者提供記録を開示しなければならない[19]。

　事業者が第三者提供記録を本人に開示するにあたっては，法において記録事項とされている事項を本人が求める方法により開示すれば足り，それ以外の事項を開示する必要はない[20]。現行法上は，第三者提供に係る記録を作成するにあたって，個人情報取扱事業者は別途，台帳のようなものを用意する必要はなく，保存義務を履行するために明確にすれば足りるとされ，既存の契約書などで記録事項を充たしている場合は，それらが記録として認められる[21]。

　個人情報取扱事業者が第三者提供記録を本人に開示するにあたっては，法において記録事項とされている事項を本人が求める方法により開示すれば足り，それ以外の事項を開示する必要はない。例えば，契約書の代替手段による方法で第三者提供記録を作成した場合の開示の方法としては，記録事項以外の部分をマスキングして開示する方法のほか，記録事項を抜粋して別媒体に記録して開示する方法も考えられ，契約書そのものを開示する必要はない[22]。

　また，個人データを提供先にデータ転送している場合，伝送日時，伝送先などのログを記録とすることも認められる[23]。このような記録義務の作成は，必ずしも本人に提供することを前提とした形式となっていない場合があるが，どのような形で，記録事項となっている事項を抽出するかをあらかじめ整理しておく必要がある。

19　前掲注7と同じ。
20　ガイドライン通則編3－8－3－2。
21　委員会Q&A13－25。
22　委員会Q&A9－16。
23　委員会Q&A13－26。

4　第三者提供記録の不開示事由等

　第三者提供記録を開示することにより次の(1)から(3)までのいずれかに該当する場合は，その全部または一部を開示しないことができる（法28条（33条）2項）[24]。これにより開示しない旨の決定をしたときまたは請求に係る第三者提供記録が存在しないときは，遅滞なく，その旨を本人に通知しなければならない。また，本人が請求した方法による開示が困難であるときは，その旨を本人に通知した上で，書面の交付による方法により開示を行わなければならない。

(1)　本人または第三者の生命，身体，財産その他の権利利益を害するおそれがある場合

　（例1）　第三者提供記録に個人データの項目として本人が難病であることを示す内容が記載されている場合において，当該第三者提供記録を開示することにより，患者本人の心身状況を悪化させるおそれがある場合

　（例2）　企業の与信判断等に用いられる企業情報の一部として代表者の氏名等が提供され，第三者提供記録が作成された場合において，当該第三者提供記録を開示することにより，提供を受けた第三者が与信判断，出資の検討，提携先・取引先の選定等を行っていることを含む秘密情報が漏えいするおそれがある場合

(2)　個人情報取扱事業者の業務の適正な実施に著しい支障を及ぼすおそれがある場合

　他の事業者と取引関係にあることが契約上秘密情報とされている場合であっても，記録事項そのものを開示することについては，直ちにこれに該当するものではなく，個別具体的に判断する必要がある。

24　ガイドライン通則編3-8-3-3。

（例）　同一の本人から複雑な対応を要する同一内容について繰り返し開示の
請求があり，事実上問合せ窓口が占有されることによって他の問合せ対
応業務が立ち行かなくなる等，業務上著しい支障を及ぼすおそれがある
場合

(3)　他の法令に違反することとなる場合

（例）　刑法134条（秘密漏示罪）に違反することとなる場合

Q9　保有個人データの利用停止等①（総論）

改正法では，不正取得等の個人情報保護法違反がない場合でも，保有個人データの利用停止・消去の請求，第三者提供の停止の請求に応じないといけない場合があるのですか。

A　改正法では，個人情報保護法違反がない場合であっても，本人が識別される保有個人データの取扱いにより当該本人の権利または正当な利益が害されるおそれがある場合には，保有個人データの利用停止等の請求に応じなければならなくなります。

解説┈┈

1　現行法上の利用停止，消去，第三者提供の停止の請求に係る要件

現行法においては，本人は，保有個人データが法16条（18条）の規定に違反して本人の同意なく目的外利用がされている，または，法17条（20条）の規定に違反して偽りその他不正の手段により個人情報が取得されもしくは本人の同意なく要配慮個人情報が取得されたものであるときは，当該保有個人データの利用停止または消去の請求をすることができる（法30条（35条）1項）。また，保有個人データが，法23条（27条）1項または24条（28条）の規定に違反して本人の同意なく第三者に提供されているときは，当該保有個人データの第三者への提供の停止を請求することができる（法30条（35条）3項）。このように，現行法上，本人が個人情報取扱事業者に対し，保有個人データの利用停止・消去の請求，第三者提供の停止の請求ができる場合とは，法16条（18条），法17条（20条），法23条（27条）1項または法24条（28条）の違反の場合に限られていた。

2 改正法による要件の緩和

　改正法では，保有個人データの利用停止・消去の請求，第三者提供の停止の請求に関し，個人の権利の範囲を広げる方向での検討が行われた結果，上記の法違反の場合に法16条の2（19条）違反の場合が追加されただけでなく（法30条（35条）1項），以下の場合にも当該請求が認められることとなった（法30条（35条）5項）。

① 当該本人が識別される保有個人データを当該個人情報取扱事業者が利用する必要がなくなった場合（利用目的が達成され当該目的との関係では当該保有個人データを保有する合理的な理由が存在しなくなった場合や利用目的が達成されなかったものの当該目的の前提となる事業自体が中止となった場合等をいう[25]）

② 当該本人が識別される保有個人データに係る法22条の2（26条）1項本文に規定する事態（個人データの漏えい等による報告義務）が生じた場合

③ その他本人が識別される保有個人データの取扱いにより当該本人の権利または正当な利益が害されるおそれがある場合（Q10参照）

　これにより，本人は個人情報取扱事業者に個人情報保護法違反がなくても，保有個人データの利用停止・消去の請求，第三者提供の停止の請求ができる可能性があることになる。

　個人情報取扱事業者は，上記①～③を理由とした請求を受けた場合であって，その請求に理由があることが判明したときは，本人の権利利益の侵害を防止するために必要な限度で，遅滞なく，請求に応じる必要がある（法30条（35条）6項）。

25　ガイドライン通則編3−8−5。

3　代替措置

上記にかかわらず，事業者の負担軽減等の観点から，利用停止・消去または第三者提供の停止に多額の費用を要する場合その他の利用停止・消去または第三者への提供の停止を行うことが困難な場合であって，本人の権利利益を保護するために必要なこれに代わるべき措置をとるときは，請求に応じないことが例外的に許容される（法30条（35条）6項ただし書）。

「困難な場合」については，利用停止等または第三者提供の停止に多額の費用を要する場合のほか，個人情報取扱事業者が正当な事業活動において保有個人データを必要とする場合についても該当し得る[26]。

例えば，漏えい等事案が生じ，本人が利用停止等の請求を行った場合であっても，当該本人との契約が存続しているときには，利用停止等が困難であるとして，代替措置による対応が認められることになる[27]。

代替措置については，事案に応じて様々であるが，生じている本人の権利利益の侵害のおそれに対応するものであり，本人の権利利益の保護に資するものである必要があり，例えば以下のものが該当するとされている[28]。

① 　すでに市販されている名簿の刷り直しおよび回収作業に多額の費用を要するとして，名簿の増刷時の訂正を約束する場合や必要に応じて金銭の支払をする場合
② 　個人情報保護委員会への報告の対象となる重大な漏えい等が発生した場合において，当該本人との契約が存続しているため，利用停止等が困難であるとして，以後漏えい等の事態が生じることがないよう，必要かつ適切な再発防止策を講じる場合
③ 　他の法令の規定により保存が義務づけられている保有個人データを遅滞

26　ガイドライン通則編3-8-5-3。
27　パブコメ通則編558。
28　上掲注26と同じ。

　なく消去する代わりに，当該法令の規定による保存期間の終了後に消去することを約束する場合

4　実務への影響

　現行法上は，本人が，個人情報取扱事業者に対して利用停止等を請求する要件として，当該本人が識別される保有個人データが，本人の同意なく目的外利用されているか，または，不正の手段により個人情報が取得され，もしくは本人の同意なく要配慮個人情報が取得されたものである必要があったため，この要件を充たしていない場合，請求を受けた個人情報取扱事業者は，これに応じる義務はなかった。そのため，本人の意向の変更に伴う請求は認められず，ガイドライン上も，消費者等，本人の権利利益保護の観点からは，事業活動の特性，規模および実態を考慮して，保有個人データについて本人から求めがあった場合には，ダイレクトメールの発送停止等，自主的に利用停止に応じる等，本人からの求めにより一層対応していくことが望ましいとされていることから，可能な範囲で本人からの求めに対応することが期待される程度であった。

　しかし，改正法では「本人の権利または正当な利益が害されるおそれがある場合」に利用停止等の請求に応じる法的義務が発生する（詳細はQ10）。プライバシーマークを取得している企業や，法令の要件を充足しなくても請求には任意に応じてきた企業では，元々，利用停止等および第三者提供の停止に幅広く対応をしてきているため，上記の改正の影響はないと考えられるが，他方，法令の要件に従って，権利行使対応を行う企業にとっては，従前よりも対応しなければならない場面が増えるため，留意が必要である。

　また，従前から，実務上は，漏えい事故等の不祥事事案の発生時は，本人から個人データの削除を求めるような依頼が増える傾向があり，これに任意に応じている例もあったが，上記のとおり，個人データの漏えいに係

る報告義務が生じる場合が権利行使できる場面として明記されたことにより（前記２②），個人データ漏えい時の権利行使の請求はますます増えることが想定される。

Q10　保有個人データの利用停止等②

　改正法で，保有個人データの利用停止・消去の請求，第三者提供の
停止の請求に応じなければならない場合である，「その他本人が識別
される保有個人データの取扱いにより当該本人の権利または正当な利
益が害されるおそれがある場合」とはどういう場合を指しますか。

A　「その他本人が識別される保有個人データの取扱いにより当該
本人の権利または正当な利益が害されるおそれがある場合」と
は，法目的に照らして保護に値する正当な利益が存在し，それ
が侵害されるおそれがある場合をいいます。「正当」かどうか
は，相手方である個人情報取扱事業者との関係で決まるもので
あり，個人情報取扱事業者に本人の権利利益の保護の必要性を
上回る特別な事情がない限りは，個人情報取扱事業者は請求に
応じる必要があります。

解説

　個人情報取扱事業者は，本人から，当該本人が識別される保有個人デー
タの取扱いにより当該本人の権利または正当な利益が害されるおそれがあ
るという理由によって，当該保有個人データの利用停止等または第三者提
供の停止の請求を受けた場合であって，その請求に理由があることが判明
したときは，原則として，遅滞なく，利用停止等または第三者への提供の
停止を行わなければならない（法30条（35条）5項・6項）。

　「その他本人が識別される保有個人データの取扱いにより当該本人の権
利または正当な利益が害されるおそれがある場合」とは，法目的に照らし
て保護に値する正当な利益が存在し，それが侵害されるおそれがある場合

をいい，「おそれ」は，一般人の認識を基準として，客観的に判断する[29]。

　「正当」かどうかは，相手方である個人情報取扱事業者との関係で決まるものであり，個人情報取扱事業者に本人の権利利益の保護の必要性を上回る特別な事情がない限りは，個人情報取扱事業者は請求に応じる必要がある。本人の権利利益の保護の必要性を上回る特別な事情があるかどうかを判断するにあたっては，例えば，以下のような事情を考慮することになる[30]。

① 　本人または第三者の生命，身体，財産その他の権利利益を保護するために当該保有個人データを取り扱う事情
② 　法令を遵守するために当該保有個人データを取り扱う事情
③ 　契約に係る義務を履行するために当該保有個人データを取り扱う事情
④ 　違法または不当な行為を防止するために当該保有個人データを取り扱う事情
⑤ 　法的主張，権利行使または防御のために当該保有個人データを取り扱う事情

　本人の権利または正当な利益が害されるおそれがあるとして利用停止等または第三者提供の停止が認められると考えられる事例としては，例えば，以下がある[31]。

① 　ダイレクトメールの送付を受けた本人が，送付の停止を求める意思を表示したにもかかわらず，個人情報取扱事業者がダイレクトメールを繰り返し送付していることから，本人が利用停止等を請求する場合

29　ガイドライン通則編3-8-5-1。
30　上掲注29と同じ。
31　上掲注29と同じ。

② 電話勧誘を受けた本人が，電話勧誘の停止を求める意思を表示したにも
かかわらず，個人情報取扱事業者が本人に対する電話勧誘を繰り返し行っ
ていることから，本人が利用停止等を請求する場合

③ 個人情報取扱事業者が，安全管理措置を十分に講じておらず，本人を識
別する保有個人データが漏えい等するおそれがあることから，本人が利用
停止等を請求する場合

④ 個人情報取扱事業者が，法23条（27条）１項に違反して第三者提供を
行っており，本人を識別する保有個人データについても本人の同意なく提
供されるおそれがあることから，本人が利用停止等を請求する場合

⑤ 個人情報取扱事業者が，退職した従業員の情報を現在も自社の従業員で
あるようにホームページ等に掲載し，これによって本人に不利益が生じる
おそれがあることから，本人が利用停止等を請求する場合

Q11　オプトアウト規定による第三者提供の範囲

オプトアウト規定に基づく第三者提供ができる個人データの範囲に変更はありますか。

A 改正法では，オプトアウト規定に基づいて本人の同意なく第三者提供できる個人データの範囲がより限定されます。

解説

1　現行法下のオプトアウト規定による第三者提供

個人情報取扱事業者は，あらかじめ本人の同意を得ないで個人データを第三者に提供することはできないのが原則だが（法23条（27条）1項），オプトアウト規定とは，例外的に，本人の求めがあれば事後的に停止することを前提に，提供する個人データの項目等を公表等した上で，本人の同意なく個人データを提供できる制度である（同条2項）。現行法上は，要配慮個人情報のみ，オプトアウト規定により第三者に提供することはできないとされている（同条2項かっこ書）。

2　オプトアウト規制の強化

ところが，これまでに個人情報保護委員会が行った実態調査において，以下のような個人の権利利益保護の観点から問題のある取扱いのあることが明らかとなった[32]。

①　いわゆる名簿屋の個人情報の取得については，第三者から提供を受けて

---

[32]　大綱12頁。

取得するケースが大半を占めるところ，名簿屋に持ち込まれる名簿の中には，本人が提供した覚えのない形で流通しているような名簿が含まれている実態があり，提供者が違法に持ち出したり，不正の手段で取得している名簿も含まれているとみられる。名簿を取得する名簿屋においても，提供者が不正の手段で取得していることを知り，または容易に知り得るケースがあるものとみられる。

② 名簿は名簿屋同士で取引されることがある。

③ 名簿屋を含むオプトアウト届出事業者が，個人データの第三者提供の際，または第三者提供を受ける際に確認・記録義務を負うところ（法25条（29条）・26条（30条）），その義務を履行していない事業者もあった。

このような名簿屋を含むオプトアウト届出事業者における個人データの取扱いを踏まえると，名簿がトレーサビリティを確保されることなく転々流通しており，本人がオプトアウトを行使することを実質的に困難にしているといわざるを得ない。

そこで，オプトアウト届出事業者によって個人情報が不適切に取得されることがないよう，個人の権利利益を保護する観点から，オプトアウト規定に基づいて本人の同意なく第三者提供できる個人データの範囲をより限定することとされた。具体的には，要配慮個人情報に加え，以下の個人データはオプトアウト規定に基づいて提供することはできないこととされた（法23条（27条）2項ただし書）。

① 法17条（20条）1項の規定に違反し不正の手段により取得された個人データ

② オプトアウト規定により提供された個人データ

　上記①②には，不正に取得された個人データおよびオプトアウト規定により提供された個人データそれ自体のみならず，「全部または一部を複製し，または加工したもの」が含まれる。規制の対象となる「全部または一部を複製し，または加工したもの」とは，具体的には，オプトアウト規定により提供された個人データを別の媒体や保存先に複製したデータ，元の個人データの一部の項目の順序を入れ替えたデータ，元の個人データの一部の項目を選択的に抽出したデータ等が該当するものと考えられる[33]。

3　実務への影響

　オプトアウト規定によって第三者に提供できる個人データの範囲の限定は，改正法の施行後にオプトアウト規定によって提供する場合に適用される。そのため，改正法の施行前にオプトアウト規定によって取得されたデータを，改正法の施行後にオプトアウト規定によって提供することは禁止される[34]。オプトアウト届出事業者は，オプトアウト規定により提供を予定している個人データに要配慮個人情報だけでなく，改正法により追加された上記個人データが含まれていないかを確認する必要がある。その前提として，特に第三者提供を受ける際の確認・記録義務の手続を適切に履行できているか否かを改めて検討しておく必要がある。

33　一問一答48頁およびガイドライン通則編3－6－2－1（※7）。

34　一問一答46頁。

Q12　オプトアウト規定による第三者提供に係る通知・届出等

オプトアウト規定による第三者提供を行うために，本人に通知し，または本人が容易に知り得る状態に置くべき事項や個人情報保護委員会への届出事項に変更はありますか。

 A　オプトアウト規定による第三者提供を行うための通知・届出等事項が追加されたため，オプトアウト事業者は，追加事項について，改めて通知・届出等をする必要があります。

解説

1　現行法上の通知・届出等事項

現行法上，個人情報取扱事業者は，オプトアウト規定による第三者提供を行う場合は，以下に掲げる事項をあらかじめ本人に通知し，または本人が容易に知り得る状態に置くとともに，個人情報保護委員会に届け出る必要がある（法23条（27条）2項）。

【現行法上のオプトアウトに関する届出等事項】

- ・第三者への提供を利用目的とすること
- ・第三者に提供される個人データの項目
- ・第三者への提供の方法
- ・本人の求めに応じて第三者への提供を停止すること
- ・本人の求めを受け付ける方法

2　通知・届出等事項の追加

　オプトアウト規定による第三者提供は，個人情報の利活用の観点から必要性がある一方で，本人の同意なく個人データが第三者提供され，個人の権利利益の観点から問題のある取扱いがされるおそれがあることから，個人情報保護委員会としてもその実態を把握した上で，適切に権限を行使する必要がある。ところが，上記届出等事項には，事業者の住所等の基本的な事項が法定の届出等事項となっていないことから，届出後，一定期間経過後に住所変更等により連絡がつかなくなる場合があるといった問題があった[35]。そこで，改正法では，適切な執行の確保等といった観点から，本人に通知し，または本人が容易に知り得る状態に置き，個人情報保護委員会に届け出る事項として次に掲げる事項が追加されることとなった（法23条（27条）2項1号・4号・8号）。

【追加されたオプトアウトに関する通知・届出等事項】

> ・第三者提供を行う個人情報取扱事業者の氏名または名称（1号）
> ・第三者提供を行う個人情報取扱事業者の住所（1号）
> ・法人である[36]個人情報取扱事業者の代表者の氏名（1号）
> ・第三者提供される個人データの取得方法（4号）
> ・その他個人の権利利益を保護するために必要なものとして規則で定める事項（8号）

　第三者提供される個人データの取得方法とは，オプトアウトにより第三者に提供される個人データについて，取得元（取得源）と取得の方法を示す必要がある。例えば，「新聞・雑誌・書籍・ウェブサイトの閲覧による

35　大綱13頁。
36　法人でない団体で代表者または管理人の定めのあるものにあっては，その代表者または管理人。

取得」，「官公庁による公開情報からの取得」と記載する[37]。また，法23条
（27条）２項８号の規則で定める事項として，(i)第三者に提供される個人
データの更新の方法，(ii)当該届出に係る個人データの第三者への提供を開
始する予定日が規定されている。

3　届出等事項の変更時の対応

　オプトアウト規定により個人データの第三者提供を行っている事業者は，
次の(1)から(3)までのいずれかに該当する場合，その旨について，本人に通
知し，または本人が容易に知り得る状態に置くとともに，個人情報保護委
員会に届け出なければならない（法23条（27条）３項）。

(1)　届出等事項（第三者に提供される個人データの項目等）の変更があっ
　　た場合

　第三者に提供される個人データの項目，第三者に提供される個人データ
の取得の方法，第三者への提供の方法，第三者への提供を停止すべきとの
本人の求めを受け付ける方法，個人データの更新の方法または第三者への
提供を開始する予定日を変更する場合は，変更する内容について，あらか
じめ，本人に通知し，または本人が容易に知り得る状態に置くとともに，
個人情報保護委員会に届け出なければならない。

(2)　届出等事項（氏名または名称，住所，法人等の代表者の氏名）の変更
　　があった場合

　第三者への提供を行う個人情報取扱事業者の氏名または名称，住所，法
人等の代表者の氏名に変更があったときは，遅滞なく，本人に通知し，ま
たは本人が容易に知り得る状態に置くとともに，個人情報保護委員会に届

37　ガイドライン通則編3－6－2－1。

け出なければならない。あらかじめ通知・届出等を行うことまでは求められていない。

(3)　個人データの提供をやめた場合

オプトアウト規定による個人データの提供をやめたときは，遅滞なく，本人に通知し，または本人が容易に知り得る状態に置くとともに，個人情報保護委員会に届け出なければならない。あらかじめ届出を行うことまでは求められていない。

4　実務上の対応

現時点ですでにオプトアウト手続を用いているオプトアウト届出事業者は，上記の追加された事項について本人に通知し，または本人が容易に知り得る状態に置き，個人情報保護委員会に届け出る準備が必要である。

第3章

事業者の守るべき
責務のあり方

Q13　個人情報取扱事業者の守るべき責務のあり方

個人情報取扱事業者の守るべき責務のあり方についての改正のポイントを教えてください。

A 個人データの漏えい等報告および本人通知が義務化されたことと，不適正な利用の禁止義務が明確化されたことが挙げられます。

解説

1　個人データの漏えい等報告および本人通知の義務化

1つは，個人データの漏えい，滅失，毀損その他の個人データの安全の確保に係る事態であって，個人の権利利益を害するおそれが大きいものとして規則で定めるもの（以下，「漏えい等」という）が生じた場合における対応のあり方である。改正法は，個人の権利利益の保護および公平性の観点から，漏えい等の事態を個人情報保護委員会が早期に把握するとともに，本人において必要な措置を講じることができるよう，一定数以上の個人データ漏えい等，一定の類型に該当する場合，速やかに個人情報保護委員会への報告と本人への通知を行うことを個人情報取扱事業者に法的に義務づける。

2　不適正な利用の禁止義務の明確化

2つ目は，個人情報の不適正な利用の禁止義務の明確化である。情報化社会の進展によるリスクの変化を踏まえ，改正法は，個人情報取扱事業者が，不適正な方法により個人情報を利用してはならない旨を明確化した。

Q14　個人データの漏えい等が生じた場合

現行法と改正法における個人データの漏えい等が生じた場合の相違点を教えてください。

A　現行法上は，個人データの漏えい等が生じた場合の報告および本人通知は法的義務ではありませんが，改正法により一定の場合，法的義務となります。

解説
1　現行法上の取扱い

現行法では，個人データの漏えい，滅失または毀損（以下，「漏えい等」という）が発生した場合，またはそのおそれがある場合，個人情報取扱事業者による漏えい等報告は法令上の義務ではなく，努力義務にとどまる。また，本人への通知も講ずることが望ましい措置の1つとして位置づけられているにとどまる（「個人データの漏えい等の事案が発生した場合等の対応について」（平成29年個人情報保護委員会告示第1号）参照）。

2　個人データの漏えい等報告および本人通知の義務化

(1)　漏えい等報告

漏えい等の報告は，個人情報保護委員会が漏えい等の事案を把握し，個人の権利利益の保護を図るための情報源であり，個々の事業者に対する適切な監督にとどまらず，情報発信や助言により他の多くの事業者の適切な対応につながるという意義を有する。また，諸外国においては，多くの国で漏えい等の報告は法的義務とされているのに対し，わが国では，現行法上，法令上の義務ではないため，漏えい等の報告に積極的に対応しない事

業者が一部に存在し，仮に，事業者による報告等がなされない場合，個人情報保護委員会が当該事案を把握できないまま，適切な対応が行えないおそれがある[1]。

　そこで，改正法では，漏えい等の報告が個人情報の本人，個人情報取扱事業者，監督機関それぞれにとって多くの意義があること，国際的な潮流になっていること等を勘案し，漏えい等の報告については，法令上の義務として明記された。具体的には，個人情報取扱事業者は，個人データの漏えい，滅失，毀損その他の個人データの安全の確保に係る事態であって個人の権利利益を害するおそれが大きいものとして規則で定めるものが生じたときは，規則で定めるところにより，当該事態が生じた旨を個人情報保護委員会に報告しなければならない（法22条の2（26条）1項本文）。

(2)　本人通知

　また，本人への通知に関しては，個人データの漏えい等が発生した場合に，その旨を本人に通知することで，本人が二次被害の防止を行ったり，必要な権利を行使するなど，自ら適切な措置を講じることができる[2]。

　そこで，改正法では，個人情報取扱事業者は，本人に対し，個人情報保護委員会規則で定めるところにより，当該事態が生じた旨を通知しなければならないとされた（法22条の2（26条）2項本文）。

3　漏えい等事案が発覚した場合に講ずべき措置

　ガイドラインでは，事業者は，漏えい等事案が発覚した場合は，漏えい等事案の内容等に応じて，次の(1)から(5)に掲げる事項について必要な措置を講じなければならないとされている[3]。これらは，元々，上記の告示上

1　大綱14頁。
2　大綱16頁。
3　ガイドライン通則編3－5－2。

は，「望ましい」とされていた事項である。

(1)　事業者内部における報告および被害の拡大防止

　責任ある立場の者に直ちに報告するとともに，漏えい等事案による被害が発覚時よりも拡大しないよう必要な措置を講ずる。

(2)　事実関係の調査および原因の究明

　漏えい等事案の事実関係の調査および原因の究明に必要な措置を講ずる。

(3)　影響範囲の特定

　上記(2)で把握した事実関係による影響範囲の特定のために必要な措置を講ずる。

(4)　再発防止策の検討および実施

　上記(2)の結果を踏まえ，漏えい等事案の再発防止策の検討および実施に必要な措置を講ずる。

(5)　個人情報保護委員会への報告および本人への通知

　上記のとおり，個人情報保護委員会への報告および本人への通知は一定の場合に法的義務となった。なお，漏えい等事案の内容等に応じて，二次被害の防止，類似事案の発生防止等の観点から，事実関係および再発防止策等について，速やかに公表することが望ましい。

Q15 個人データの漏えい等の報告義務

どのような場合に個人情報保護委員会に対して個人データの漏えい等の報告をする義務がありますか。

A 報告義務の対象は，一定の類型に該当する場合に限定されます。

解説··

1 漏えい等報告義務の対象

改正法により，個人情報取扱事業者は，個人データの漏えい，滅失，毀損その他の個人データの安全の確保に係る事態であって個人の権利利益を害するおそれが大きいものとして個人情報保護委員会規則で定めるものが生じたときは，個人情報保護委員会規則で定めるところにより，当該事態が生じた旨を個人情報保護委員会に報告しなければならない（法22条の2（26条）1項本文）。

まず，個人データの「漏えい」とは，個人データが外部に流出することをいう。例えば，①個人データが記載された書類を第三者に誤送付した場合，②個人データを含むメールを第三者に誤送信した場合，③システムの設定ミス等によりインターネット上で個人データの閲覧が可能な状態となっていた場合，④個人データが記載または記録された書類・媒体等が盗難された場合，⑤不正アクセス等により第三者に個人データを含む情報が窃取された場合，個人データの漏えいに該当する[4]。

なお，個人データを第三者に閲覧されないうちにすべてを回収した場合は，漏えいに該当しない（例えば，(i)個人データを含むメールを第三者に

4　ガイドライン通則編3-5-1-1。

誤送信した場合において，当該第三者が当該メールを削除するまでの間に当該メールに含まれる個人データを閲覧していないことが確認された場合，(ii)システムの設定ミス等によりインターネット上で個人データの閲覧が可能な状態となっていた場合において，閲覧が不可能な状態とするまでの間に第三者が閲覧していないことがアクセスログ等から確認された場合がこれに当たる[5]）。

　また，個人情報取扱事業者が自らの意図に基づき個人データを第三者に提供する場合は，漏えいに該当しない[6]。

　次に，個人データの「滅失」とは，個人データの内容が失われることをいう。例えば，①個人情報データベース等から出力された氏名等が記載された帳票等を誤って廃棄した場合，②個人データが記載または記録された書類・媒体等を社内で紛失した場合等がこれに当たる。なお，上記の場合であっても，その内容と同じデータが他に保管されている場合は，滅失に該当しない。また，個人情報取扱事業者が合理的な理由により個人データを削除する場合は，滅失に該当しない[7]。

　さらに，個人データの「毀損」とは，個人データの内容が意図しない形で変更されることや，内容を保ちつつも利用不能な状態となることをいう。例えば，①個人データの内容が改ざんされた場合，②暗号化処理された個人データの復元キーを喪失したことにより復元できなくなった場合，③ランサムウェア等により個人データが暗号化され，復元できなくなった場合等がこれに当たる。なお，上記の場合であっても，その内容と同じデータが他に保管されている場合は毀損に該当しない[8]。

　上記条文のとおり，改正法は，個人データの漏えい，滅失，毀損その他

5　委員会Q&A6－1。なお，上記の事例において，誤送信先の取扱いやアクセスログ等が確認できない場合には，漏えい（または漏えいのおそれ）に該当し得る。

6　前掲注4と同じ。

7　ガイドライン通則編3－5－1－2。

8　ガイドライン通則編3－5－1－3。

の個人データの安全確保に係る事態が生じたすべての場合を報告対象とは
していない。軽微な事案についてもすべて報告を求めることは，報告対象
となる事業者の負担，および報告を受領する執行機関にとっての有用性の
観点から疑問があることから，一定の類型に該当する場合に限定して，速
やかに個人情報保護委員会または権限委任官庁へ報告を義務づけることと
された[9]。

　具体的に報告対象となる事案は，個人情報保護委員会規則において以下
のとおり定められている[10]。なお，報告対象となる事案に該当しない漏え
い等事案であっても，個人情報取扱事業者は個人情報保護委員会に任意の
報告をすることができる[11]。

⑴　要配慮個人情報が含まれる個人データの漏えい等が発生し，または発
　生したおそれがある事態（規則6条の2（7条）1号関係）

　報告を要する事例として，例えば，①病院における患者の診療情報や調
剤情報を含む個人データを記録したUSBメモリーを紛失した場合や，②従
業員の健康診断等の結果を含む個人データが漏えいした場合がある。

⑵　不正に利用されることにより財産的被害が生じるおそれがある個人
　データの漏えい等が発生し，または発生したおそれがある事態（規則6
　条の2（7条）2号関係）

　財産的被害が生じるおそれについては，対象となった個人データの性
質・内容等を踏まえ，財産的被害が発生する蓋然性を考慮して判断する。
　報告を要する事例として，例えば，以下の場合がある。

9　大綱15頁。

10　ガイドライン通則編3－5－3－1。

11　上掲注10と同じ。

① ECサイトからクレジットカード番号を含む個人データが漏えいした場合
（クレジットカード番号のみでも当たるが，下4桁のみと有効期限だけであれば直ちに当たらないとされる[12]）

② 送金や決済機能のあるウェブサービスのログインIDとパスワードの組合せを含む個人データが漏えいした場合（銀行口座情報のみでは直ちに当たらないが，銀行口座情報がインターネットバンキングのログインに用いられる場合には，銀行口座情報とインターネットバンキングのパスワードの組合せは当たるとされる[13]）

漏えい等事案を知った時点において，財産的被害が生じるおそれがある場合には，その後の被害防止措置により財産的被害が生じるおそれがなくなったとしても，報告対象となる[14]。

(3)　不正の目的をもって行われたおそれがある個人データの漏えい等が発生し，または発生したおそれがある事態（規則6条の2（7条）3号関係）

「不正の目的をもって」漏えい等を発生させた主体には，第三者のみならず，従業者も含まれる。

報告を要する事例として，例えば，以下の場合がある。

① 不正アクセスにより個人データが漏えいした場合

② ランサムウェア等により個人データが暗号化され，復元できなくなった場合

③ 個人データが記載または記録された書類・媒体等が盗難された場合

④ 従業者が顧客の個人データを不正に持ち出して第三者に提供した場合

12　委員会Q&A 6－10。
13　委員会Q&A 6－12。
14　委員会Q&A 6－13。

⑷　個人データに係る本人の数が千人を超える漏えい等が発生し，または
　発生したおそれがある事態（規則６条の２（７条）４号関係）

　「個人データに係る本人の数」は，当該個人情報取扱事業者が取り扱う
個人データのうち，漏えい等が発生し，または発生したおそれがある個
人データに係る本人の数をいう。「個人データに係る本人の数」について，
事態が発覚した当初1,000人以下であっても，その後1,000人を超えた場合
には，1,000人を超えた時点で規則６条の２（７条）４号に該当すること
になる。本人の数が確定できない漏えい等において，漏えい等が発生した
おそれがある個人データに係る本人の数が最大1,000人を超える場合には，
規則６条の２（７条）４号に該当する。

　法75条（166条）で域外適用を受ける事業者については，域外適用部分
に係る本人の人数で考えることになる[15]。

　報告を要する事例として，例えば，システムの設定ミス等によりイン
ターネット上で個人データの閲覧が可能な状態となり，当該個人データに
係る本人の数が1,000人を超える場合等がある。

2　漏えいの「おそれ」[16]

　漏えい等の「おそれ」がある場合も，法的な報告義務の対象となる。こ
の「おそれ」は，その時点で判明している事実関係に基づいて個別の事案
ごとに蓋然性を考慮して判断することになる。漏えい等が発生したおそれ
については，その時点で判明している事実関係からして，漏えい等が疑わ
れるものの確証がない場合がこれに該当する。

　例えば，サイバー攻撃の事案について，漏えい等が発生したおそれがあ
る事態に該当し得る事例として，以下の場合が挙げられている。

15　委員会Q&A11－3。
16　ガイドライン通則編３－５－３－１（※2）（※3）（※4）。

㋐　個人データを格納しているサーバや，当該サーバにアクセス権限を有する端末において外部からの不正アクセスによりデータが窃取された痕跡が認められた場合

㋑　個人データを格納しているサーバや，当該サーバにアクセス権限を有する端末において，情報を窃取する振る舞いが判明しているマルウェアの感染が確認された場合[17]

㋒　マルウェアに感染したコンピュータに不正な指令を送り，制御するサーバ（C&Cサーバ）が使用しているものとして知られているIPアドレス・FQDN（Fully Qualified Domain Nameの略。サブドメイン名およびドメイン名からなる文字列であり，ネットワーク上のコンピュータ（サーバ等）を特定するもの）への通信が確認された場合

㋓　不正検知を行う公的機関，セキュリティ・サービス・プロバイダ，専門家等の第三者から，漏えいのおそれについて，一定の根拠に基づく連絡を受けた場合

　また，従業者による個人データの持ち出しの事案について，「漏えい」が発生したおそれがある事態に該当し得る事例として，個人データを格納しているサーバや，当該サーバにアクセス権限を有する端末において，通常の業務で必要としないアクセスによりデータが窃取された痕跡が認められた場合が挙げられている。

3　報告を要しない場合
　漏えい等が発生し，または発生したおそれがある個人データについて，高度な暗号化等の秘匿化がされている場合等，「高度な暗号化その他の個

17　単にマルウェアを検知したことをもって直ちに漏えいのおそれがあると判断するものではなく，防御システムによるマルウェアの実行抑制の状況，外部通信の遮断状況等についても考慮する（委員会Q&A 6-14）。

人の権利利益を保護するために必要な措置」が講じられている場合については，報告を要しない（規則6条の2（7条）1号かっこ書）。

「高度な暗号化等の秘匿化がされている場合」に該当するためには，当該漏えい等事案が生じた時点の技術水準に照らして，漏えい等が発生し，または発生したおそれがある個人データについて，これを第三者が見読可能な状態にすることが困難となるような暗号化等の技術的措置が講じられるとともに，そのような暗号化等の技術的措置が講じられた情報を見読可能な状態にするための手段が適切に管理されていることが必要と解される。第三者が見読可能な状態にすることが困難となるような暗号化等の技術的措置としては，適切な評価機関等により安全性が確認されている電子政府推奨暗号リストやISO/IEC18033等に掲載されている暗号技術が用いられ，それが適切に実装されていることが考えられる。また，暗号化等の技術的措置が講じられた情報を見読可能な状態にするための手段が適切に管理されているといえるためには，①暗号化した情報と復号鍵を分離するとともに復号鍵自体の漏えいを防止する適切な措置を講じていること，②遠隔操作により暗号化された情報もしくは復号鍵を削除する機能を備えていること，または③第三者が復号鍵を行使できないように設計されていることのいずれかの要件を充たすことが必要と解される[18]。

4 実務への影響

法的義務でなかった報告・通知が法的義務になるため，これまでは，最終的には法的義務ではないとの整理で報告・通知を回避していた事例でも，報告・通知が必要になると想定される。

一方，従来から努力義務であるものの，告示に従って報告・通知の対応をしてきた企業にとっての影響は限定的であると考えられる。

18　委員会Q&A 6 –16。

Q16　個人情報の漏えい等の報告期限

個人情報の漏えい等の報告の期限はありますか。

A 漏えい等の報告の期限について明確な定めはありませんが，速報と確報が義務づけられます。

解説··

1　漏えい等の報告期限の定め

　条文上，漏えい等の報告の期限について明確な定めはないが，個人情報保護委員会規則で「速報」と「確報」について定められている（法22条の2（26条）1項本文，規則6条の3（8条）1項・2項）。個人情報保護委員会における事前の検討において，漏えい等の報告については，個人情報保護委員会がその事態を把握し，必要な措置を講ずるという趣旨に鑑み，速やかに行われる必要がある一方，事業者が事態を把握するのに要する時間については，個別具体的な事情によるところが多く，一律に日数を規定することは困難であると判断された。そのため，明確な時間的な制限は設けないものの，報告内容を一定程度限定した上で「速やか」に報告することが義務づけられた[19]。他方で，原因や再発防止策等の報告を求める必要もあることから，運用上，上記の速報とは別に，一定の期限までに確報として報告を求めることとされた[20]。

　現行法上は，法的義務ではないものの，個人情報取扱事業者は，漏えい等事案が発覚した場合は，その事実関係および再発防止策等について，個人情報保護委員会等に対し，「速やかに」報告をすることが求められる（平

19　前掲注9と同じ。

20　前掲注9と同じ。

成29年個人情報保護委員会告示第1号参照）。また，実務上は第一報（速報）の後に続報をすることはすでに行われており，その意味では実務上の運用に変更はないといえる。

　速報は，事態を知った後「速やか」に当該事態に関する次の事項（報告しようとしている時点で把握しているものに限る）を報告しなければならない（規則6条の3（8条）1項）。

> ①概要，②個人データの項目，③本人の数，④原因，⑤二次被害またはそのおそれの有無および内容，⑥本人への対応の実施状況，⑦公表の実施状況，⑧再発防止のための措置，⑨その他参考となる事項[21]

　報告期限の起算点となる「知った」時点については，個別の事案ごとに判断されるが，個人情報取扱事業者が法人である場合には，いずれかの部署が当該事態を知った時点を基準とする[22]。部署内のある従業者が報告対象事態を知った時点で「部署が知った」と考えられる。なお，従業者等の不正な持ち出しの事案においては，不正な持ち出しを行った従業者等を除いた上で判断することとなる[23]。

　「速やか」の日数の目安については，個別の事案によるものの，個人情報取扱事業者が当該事態を知った時点から概ね3〜5日以内である[24]。

　確報については，個人情報取扱事業者は，当該事態を知った日から30日以内（当該事態が不正アクセス等故意によるものである場合にあっては，

21　委員会Q&A6-23によると，他の行政機関等への報告状況（捜査機関への申告状況を含む），外国の行政機関等への報告状況，当該個人情報取扱事業者が上場会社である場合，適時開示の実施状況・実施予定，すでに報告を行っている漏えい等事案がある中で，同時期に別の漏えい等事案が発生した場合には，両者が別の事案である旨等がこれに当たる。

22　ガイドライン通則編3-5-3-3。

23　委員会Q&A6-21。

24　上掲注22と同じ。

60日以内）に，当該事態に関する上記事項を報告しなければならない（規則6条の3（8条）2項）。

　30日以内または60日以内は報告期限であり，可能である場合には，より早期に報告することが望ましい[25]。

　確報においては，上記①〜⑨までに掲げる事項のすべてを報告しなければならない。確報を行う時点（報告対象事態を知った日から30日以内または60日以内）において，合理的努力を尽くした上で，一部の事項が判明しておらず，すべての事項を報告することができない場合には，その時点で把握している内容を報告し，判明次第，報告を追完しなければならない[26]。

2　実務への影響

　漏えい等の報告義務を遅滞しないよう，個人データの漏えい等が発生した場合の対応マニュアルを用意し，個人データの漏えい等が発生した場合に，適正な時期に速報および確報ができるよう，あらかじめ体制を整備しておく必要がある。

25　ガイドライン通則編3−5−3−4。
26　上掲注25と同じ。

Q17　個人情報の漏えい等の報告先

個人情報の漏えい等の報告先について，現行法の運用から変更はありますか。

 A　改正法により，漏えい等の報告先は，個人情報保護委員会または権限委任官庁に限定されます。

解説‥‥‥‥‥‥‥‥‥‥‥‥‥‥‥‥‥‥‥‥‥‥‥‥‥‥‥‥‥‥‥‥‥‥‥‥

1　現行法上の漏えい等の報告先

　現行法上は，漏えい等の報告先は，原則として，個人情報保護委員会であるが，法47条1項に規定する認定個人情報保護団体の対象事業者である個人情報取扱事業者は，当該認定個人情報保護団体に報告することとされている。また，上記にかかわらず，法44条（147条）1項に基づき法40条（143条）1項に規定する個人情報保護委員会の権限（報告徴収および立入検査）が事業所管大臣に委任されている分野における個人情報取扱事業者の報告先については別途公表するところによるとされ（平成29年個人情報保護委員会告示第1号参照），個人情報保護委員会のホームページにおいて公表されている[27]。そして，認定個人情報保護団体の対象事業者による漏えい等の報告は，認定個人情報保護団体に対してなされる運用がされていた。

2　改正法による漏えい等の報告先の限定

　しかし，本改正に向けた個人情報保護委員会における事前の検討では，

---

[27]　https://www.ppc.go.jp/personalinfo/legal/leakaction/

漏えい等報告が法令上の義務とされることに鑑み，個人情報保護委員会または権限委任官庁への提出に限定するとされ[28]，改正法の条文上，「個人情報保護委員会規則で定めるところにより……個人情報保護委員会に報告しなければならない」とされている（法22条の2（26条）1項本文）。

　したがって，認定個人情報保護団体の対象事業者である個人情報取扱事業者であっても，個人情報保護委員会または権限委任官庁への報告に限定されることになる。これは，認定個人情報保護団体については，個人情報保護法において，立入検査や報告徴収といった強制的な権限が認められておらず，事業所管大臣のように効率的な事案の把握を行うには限界があることから，改正法によって法律上義務づけられた漏えい等の報告の報告先とはされなかったことによるものである[29]。

　なお，認定個人情報保護団体が，漏えい等事案について，法令上の義務である個人情報保護委員会等への報告に加えて，自主的取組みの一環として，対象事業者から当該事案の情報を受け付けることは有効であるとされている[30]。

28　前掲注9と同じ。
29　一問一答40頁。
30　ガイドライン認定個人情報保護団体編4－3。

Q18 個人データ委託先の報告義務

委託先として個人データを取り扱っていたのですが，その個人データを漏えいしてしまった場合，委託先である個人情報取扱事業者が個人情報保護委員会に対して報告する義務があるのですか。

 A 委託先は委託元に漏えいの事実を通知すれば，個人情報保護委員会への報告は不要となります。

解説

1　現行法上の委託時の漏えい等報告義務主体

　漏えい等報告の義務を負う主体は，漏えい等が発生し，または発生したおそれがある個人データを取り扱う個人情報取扱事業者である。個人データの取扱いを委託している場合においては，委託元と委託先の双方が個人データを取り扱っていることとなるため，報告対象事態に該当する場合には，原則として，委託元と委託先の双方が報告する義務を負うことになると考えられる。もっとも，委託先において漏えい等の事案が発生した場合，委託元が漏えい等事案に係る個人データまたは加工方法等情報について最終的な責任を有するものと考えられること，当該事案について，委託先が個人情報保護委員会等への報告を行うのではなく，原則として委託元が個人情報保護委員会等へ報告するよう努めることとされている[31]。これにより，委託先において漏えい等の事案が発生した場合には，委託先は委託元に対してその旨を通知し，委託元は速やかに個人情報保護委員会等への報告を行うという運用がされていた。

31　現行法委員会Q&A12-19。

2　改正法による明確化

　改正法では，漏えい等報告が法令上の義務とされることに鑑み，この点が条文上，明確にされた。すなわち，委託先が，個人情報保護委員会規則で定めるところにより，当該事態が生じた旨を委託元に通知したときは，委託先は個人情報保護委員会への報告義務を免除される（法22条の2（26条）2項）。そして，この通知を受けた委託元は個人情報保護委員会に対して報告する義務がある。この報告義務の免除は，再委託の場合にも適用される[32]。再委託元である個人情報取扱事業者が再委託先に個人データの取扱いを委託している場合において，再委託先が再委託元に当該事態が発生した旨を通知したときは，再委託先から個人情報保護委員会への報告義務は免除される。

　通知を行った委託先は，委託元から報告するにあたり，事態の把握を行うとともに，必要に応じて委託元の漏えい等報告に協力することが求められる[33]。

　なお，現行法上は，漏えい等事案に係る個人データまたは加工方法等情報の実際の取扱状況を知る委託先が報告の内容を作成したり，委託元および委託先の連名で報告したりするといったことが妨げられるものではないとされている[34]。この運用は，改正法による制度の下でも妨げられるものではないと考えられる。

　クラウドサービスを利用する事業者が漏えい等を起こした場合については，クラウドサービス提供事業者が，個人データを取り扱わないこととなっている場合は，当該クラウドサービスを利用する事業者に，個人データの漏えい等の報告義務が課されることとなる。報告義務の負わないクラウドサービス提供事業者においても，クラウドサービスの利用事業者に報

32　一問一答44頁。
33　ガイドライン通則編3-5-3-5。
34　前掲注31と同じ。

告義務があることを踏まえて，契約等に基づいてクラウドサービスを利用する事業者に対して通知する等，適切な対応をとることが求められる[35]。

35　委員会Q&A 6 - 19。

Q19　個人データの漏えい等に関する本人への通知

個人データの漏えい等事案が生じた場合，常に本人に通知しないといけないのですか。

 A 本人への通知が困難な場合であって，本人への権利利益を保護するため必要なこれに代わるべき措置をとるときは，本人通知は不要です。

解説

1　現行法上の本人通知義務の有無

現行法上は，個人データの漏えい等が発生した場合，またはそのおそれがある場合，本人への通知は講ずることが望ましい措置の1つとして位置づけられているにとどまる（平成29年個人情報保護委員会告示第1号参照）。

2　改正法による本人通知の義務化

しかし，個人データの漏えい等が発生した場合に，その旨を本人に通知することで，本人が二次被害の防止を行ったり，必要な権利を行使したりするなど，自ら適切な措置を講じることができる。

そこで，改正法では，個人情報取扱事業者は，本人に対し，個人情報保護委員会規則で定めるところにより，当該事態が生じた旨を通知しなければならないとされた（法22条の2（26条）2項本文）。

なお，個人データの取扱いを委託している場合において，委託先が，報告義務を負っている委託元に通知すべき事項のうち，その時点で把握しているものを通知したときは，委託先は報告義務を免除されるとともに，本人への通知義務も免除される。

3　通知の時間的制限

　個人情報取扱事業者は，報告対象事態を知ったときは，当該事態の状況に応じて速やかに，本人への通知を行わなければならない（規則6条の5（10条））。

　「当該事態の状況に応じて速やかに」とは，速やかに通知を行うことを求めるものであるが，具体的に通知を行う時点は，個別の事案において，その時点で把握している事態の内容，通知を行うことで本人の権利利益が保護される蓋然性，本人への通知を行うことで生じる弊害等を勘案して判断する。

　その時点で通知を行う必要があるとはいえないと考えられる事例としては，①インターネット上の掲示板等に漏えいした複数の個人データがアップロードされており，個人情報取扱事業者において当該掲示板等の管理者に削除を求める等，必要な初期対応が完了しておらず，本人に通知することで，かえって被害が拡大するおそれがある場合，②漏えい等のおそれが生じたものの，事案がほとんど判明しておらず，その時点で本人に通知したとしても，本人がその権利利益を保護するための措置を講じられる見込みがなく，かえって混乱が生じるおそれがある場合等が挙げられる[36]。

4　通知の内容[37]

　本人へ通知すべき事項は，以下のとおりである（規則6条の5（10条））。

・概要
・漏えい等が発生し，または発生したおそれがある個人データの項目
・原因
・二次被害またはそのおそれの有無およびその内容

36　ガイドライン通則編3-5-4-2。
37　ガイドライン通則編3-5-4-3。

・その他参考となる事項

「その他参考となる事項」としては，本人への通知を補完するため，本人にとって参考となる事項をいい，例えば，本人が自らの権利利益を保護するためにとり得る措置が考えられる。

本人への通知については，「本人の権利利益を保護するために必要な範囲において」行うものである。したがって，例えば，不正アクセスにより個人データが漏えいした場合において，その原因を本人に通知するにあたり，個人情報保護委員会に報告した詳細な内容ではなく，必要な内容を選択して本人に通知し，また，漏えい等が発生した個人データの項目が本人ごとに異なる場合において，当該本人に関係する内容のみを本人に通知することになる。

5　通知の方法[38]

「本人への通知」とは，本人に直接知らしめることをいい，事業の性質および個人データの取扱状況に応じ，通知すべき内容が本人に認識される合理的かつ適切な方法によらなければならない。また，漏えい等報告と異なり，本人への通知については，その様式が法令上定められていないが，本人にとってわかりやすい形で通知を行うことが望ましい。郵便等による文書送付や，電子メール送信による方法が考えられる。

ただし，本人に対する通知は可能な限り行うべきであるが，保有している情報に基づいて本人に対する通知ができない場合にまで，本人の現在の連絡先を特定した上で本人に対する連絡を求めることは，事業者に過度な負担を課すことになる。そこで，本人への通知が困難な場合であって，本人への権利利益を保護するため必要なこれに代わるべき措置をとるとき

38　ガイドライン通則編3－5－4－4，3－5－4－5。

は，本人への通知をすることを要しない（法22条の2（26条）2項ただし書）。具体的には，把握している個人データに本人に対する連絡先がそもそも含まれていない場合や，把握している連絡先が古いために，本人に対する連絡ができない場合が想定される[39]。また，「本人への権利利益を保護するため必要なこれに代わるべき措置」（代替措置）としては，本人へ通知すべき内容を公表することや，問合せ窓口を用意してその連絡先を公表し，本人が自らの個人データが対象となっているか否かを確認できるようにすることが想定される。

　なお，代替措置として事案の公表を行わない場合であっても，当該事態の内容等に応じて，二次被害の防止，類似事案の発生防止等の観点から，公表を行うことが望ましい。

39　委員会Q&A6－27では，本人への通知に関し，複数の連絡手段を有している場合において，1つの手段で連絡ができなかったとしても，直ちに「本人への通知が困難である場合」に該当するものではないとされる。例えば，本人の連絡先として，住所と電話番号を把握しており，当該住所へ書面を郵送する方法により通知しようとしたものの，本人が居住していないとして当該書面が還付された場合には，別途電話により連絡することが考えられるとされている。

Q20　個人データの漏えい等の発生に備えた事前準備

　改正法施行に備えて，個人データの漏えい等が発生した場合の対応として，事前に，どのような準備をしておくべきかについて教えてください。

A　個人データの漏えい等が発生した場合の対応マニュアルを用意し，義務の内容や，報告および本人通知を含めた一連の手続を確認しておく必要があります。

解説

　現行法上は，個人データの漏えい等の報告は努力義務ではあるものの，組織的安全管理措置の一環として，漏えい等の事案の発生または兆候を把握した場合に適切かつ迅速に対応するための体制を整備しなければならないとされていることから[40]，多くの企業ではすでに個人データの漏えい等が発生した場合の対応マニュアルを用意しているものと想定される。

　すでにこのようなマニュアルがある企業は，個人情報保護委員会規則および関連ガイドラインの改正の内容が明らかになった段階で，当該マニュアルの改訂が必要である。具体的には，個人情報保護委員会規則への報告が法的義務となる漏えい事案を明確にし，社内においてどのような経路で個人情報保護委員会に適時適切に報告するのかをマニュアル上，改めて明確にしておく必要がある。また，本人への通知が法的に義務づけられる個人データとそうでないものとを明確に把握し，通知の必要がある個人デー

40　ガイドライン通則編10−3。

タが存在する場合には，担当部署や通知の手段を定めておく必要がある。

　マニュアルがない場合には，法的義務となる報告に備えるだけでなく，組織的安全管理措置を講じる観点からも，マニュアルを作成するべきである。個人データの漏えい等が発生した場合には，個人情報保護委員会への報告や影響を受ける可能性のある本人への通知のほか，事実関係の調査および原因の究明や再発防止策の検討および決定，事実関係および再発防止策等の公表などが義務づけられる可能性がある。そのような有事の際に迅速に対応できるよう，あらかじめマニュアルによって整理しておくことが肝要である。

Q21　個人情報の不適正な利用の禁止①

改正法で明確化された不適正な利用の禁止によって，どのような個人情報の利用が禁止されることになりますか。

A 個人情報取扱事業者は，個人情報保護法違反がない利用方法であっても，違法または不当な行為を助長し，または誘発されるおそれがある方法により個人情報を利用することが禁止されます。

解説

1　現行法上の個人情報の利用に関する規制

個人情報保護法上，個人情報取扱事業者の義務等は，個人情報等の取得時，利用・保管時，提供時，保有個人データの開示等請求への対応という各段階において規定されている。そして，取得時については適正取得義務（法17条（20条）1項）や利用目的の通知公表等の義務が規定され（法15条（17条），18条（21条）），取得後の利用時については，特定された利用目的の範囲内での利用を義務づけている（法15条（17条）1項，16条（18条）1項）。しかし，取得時の適正取得義務のように，利用時に適正利用を義務づける規定はない。したがって，個人情報取扱事業者が個人情報を適正に取得した後，特定された利用目的の範囲内で利用している限り，それがたとえ不適正な利用態様であったとしても，それを違法とする明確な根拠はなかった。

2　不適正な利用の禁止義務が導入された背景

改正法により導入された不適正な利用の禁止義務は，現行法上のエアポ

ケットとなっていた個人情報の利用時に関する規制として，適正とは認めがたい方法による個人情報の利用を行ってはならないことを明確化するものである。

　具体的には，個人情報取扱事業者は，違法または不当な行為を助長し，または誘発されるおそれがある方法により個人情報を利用してはならないと規定された（法16条の2（19条））。

　個人情報保護委員会は，この規制を導入する背景を以下のように説明している。

　「昨今の急速なデータ分析技術の向上等を背景に，潜在的に個人の権利利益の侵害につながることが懸念される個人情報の利用の形態がみられるようになり，消費者側の懸念が高まりつつある。そのような中で，特に，現行法の規定に照らして違法ではないとしても[41]，違法又は不当な行為を助長し，又は誘発するおそれのある方法により個人情報を利用するなど，本法の目的である個人の権利利益の保護に照らして，看過できないような方法で個人情報が利用されている事例が，一部にみられる。」[42]

3　違法または不当な行為を助長し，または誘発されるおそれ[43]

　「違法または不当な行為」とは，個人情報保護法その他の法令に違反する行為，および直ちに違法とはいえないものの，個人情報保護法その他の法令の制度趣旨または公序良俗に反する等，社会通念上適正とは認められない行為をいう。

　違法または不当な行為を助長し，または誘発される「おそれ」の有無は，

41　なお，他にも規制の根拠条文が存在し得るとしても，本改正で導入された不適正な利用の禁止義務と択一的・排他的関係にはなく，不適正な利用の禁止義務違反を問うことは妨げられないと考えられる。

42　大綱16頁。

43　ガイドライン通則編3-2。

個人情報取扱事業者による個人情報の利用が，違法または不当な行為を助長または誘発することについて，社会通念上蓋然性が認められるか否かにより判断される。この判断にあたっては，個人情報の利用方法等の客観的な事情に加えて，個人情報の利用時点における個人情報取扱事業者の認識および予見可能性も踏まえる必要がある。例えば，個人情報取扱事業者が第三者に個人情報を提供した場合において，当該第三者が当該個人情報を違法な行為に用いた場合であっても，当該第三者が当該個人情報の取得目的を偽っていた等，当該個人情報の提供の時点において，提供した個人情報が違法に利用されることについて，当該個人情報取扱事業者が一般的な注意力をもってしても予見できない状況であった場合には，「おそれ」は認められないと解される。

　個人情報取扱事業者が違法または不当な行為を助長し，または誘発するおそれがある方法により個人情報を利用している事例としては，以下のものが挙げられている。

① 　違法な行為を営むことが疑われる事業者（例：貸金業登録を行っていない貸金業者等）からの突然の接触による本人の平穏な生活を送る権利の侵害等，当該事業者の違法な行為を助長するおそれが想定されるにもかかわらず，当該事業者に当該本人の個人情報を提供する場合

② 　裁判所による公告等により散在的に公開されている個人情報（例：官報に掲載される破産者情報）を，当該個人情報に係る本人に対する違法な差別が，不特定多数の者によって誘発されるおそれがあることが予見できるにもかかわらず，それを集約してデータベース化し，インターネット上で公開する場合

③ 　暴力団員により行われる暴力的要求行為等の不当な行為や総会屋による不当な要求を助長し，または誘発するおそれが予見できるにもかかわらず，事業者間で共有している暴力団員等に該当する人物を本人とする個人情報

や，不当要求による被害を防止するために必要な業務を行う各事業者の責任者の名簿等を，みだりに開示し，または暴力団等に対しその存在を明らかにする場合

④　個人情報を提供した場合，提供先において法23条（27条）1項に違反する第三者提供がなされることを予見できるにもかかわらず，当該提供先に対して，個人情報を提供する場合

⑤　採用選考を通じて個人情報を取得した事業者が，性別，国籍等の特定の属性のみにより，正当な理由なく本人に対する違法な差別的取扱いを行うために，個人情報を利用する場合

⑥　広告配信を行っている事業者が，第三者から広告配信依頼を受けた商品が違法薬物等の違法な商品であることが予見できるにもかかわらず，当該商品の広告配信のために，自社で取得した個人情報を利用する場合

Q22　個人情報の不適正な利用の禁止②

　不適正利用の禁止に当たる具体的な事例はどのようなものでしょうか。また，不適正利用の禁止に違反しないためにはどうすればよいでしょうか。

A　典型的には，実際に過去に発生した破産者マップ事件のような事案が該当します。また，プロファイリング行為についても，該当する事例はあり得ると考えられます。不適正な利用の禁止義務の観点からは，本人に対して説明をした，あるいは，同意を得たという形式的な判断ではなく，これまで以上に，実質的な利用行為の適正性への配慮が求められることになります。

解説

1　不適正な利用に当たると考えられる具体的な事例

(1)　Q21の3①関係（違法行為が疑われる組織への名簿の提供）

　違法行為が疑われる組織への名簿の提供として，まず，オプトアウト手続による名簿販売を行っているいわゆる名簿屋等による名簿販売が想定される。これについては，改正法により，名簿屋等が，提供先によって違法または不当な行為で利用されることを知り，または容易に知ることができる場合には，名簿販売はできないことになり得る。また，このような組織への債権譲渡手続に付随する債務者名簿の提供も想定される。これについては，第三者提供に関する同意の事実上の推定[44]との関係がまずは問題となると考えられ，不適正な方法による利用であるとして違法とせずとも，

44　個人情報保護委員会事務局 金融庁「金融機関における個人情報保護に関するQ&A」（2020年4月）問Ⅴ−4。

同意の推定を否定することやオプトアウト手続の要件を厳格化することで事案の解決を図る解釈も検討されるべきである。もっとも，改正法により提供先が違法行為が懸念される組織であるとの認定さえできれば，違法な行為を助長する不適正な利用であるとして違法性が認定できる。なお，この類型は，第三者提供ではなく委託や共同利用という利用態様によっても，同様に不適正な利用の禁止義務違反と認定される可能性があり得る。

⑵　Q21の３②関係（差別を助長するようなデータベース）

　Q21の３②は，破産者マップの事案を意識したものと考えられる。同事案は，官報に掲載された自己破産者らの氏名や住所を地図上に落とした無料のウェブサイト「破産者マップ」が2018年12月から４カ月にわたり公開され，プライバシーの侵害だとの批判が相次いだもので，個人情報保護委員会は同サイトを閉鎖するよう行政指導した。

　また，2020年７月29日，個人情報保護委員会は，多数の破産者等の個人情報をウェブサイトに違法に掲載している２事業者に対し，当該ウェブサイトを直ちに停止等するよう命令を行った（なお，当該２事業者の所在をいずれも知ることができなかったため，公示送達で行った）。

　これらの事案では，破産者情報を本人の同意を得ることなくウェブサイト上に公表したことを法23条（27条）１項違反と判断したものと考えられる。もっとも，破産者情報は要配慮個人情報とは解されないことから，仮に同事案において，ウェブサイトの運営者がオプトアウトによる第三者提供について法的に必要な事項をウェブページに掲載し，また，個人情報保護委員会に届け出ていた場合には，本人の同意なく当該ウェブページの運用が継続できたのではないかという懸念がある（法23条（27条）２項）[45]。しかし，不適正な利用の禁止義務はこのような破産者情報のオプトアウトによる第三者提供という利用を制限し得るものである。すなわち，破産者情報を本人の認識なく不特定多数の者が継続的に容易に入手可能な状態と

すれば，過去に破産した事実が本人の経済的側面での烙印として払拭できない状態にし，債務者について経済の再生の機会を図るという破産法の趣旨の1つに悖(もと)るような結果を招きかねない。このような烙印による個人間の差別を助長する可能性があるデータベースの利用は，不当な行為を助長するものであるとの価値判断は十分にあり得るところである。

　ただし，一方で，当該ウェブサイトは，民間人の官報情報に対するアクセスを容易にする効用があり，その不当性を判断するにはその態様や提供先での利用目的等を考慮すべきとも思われる。例えば，融資判断のための情報提供として金融機関等に限定して破産者情報を提供する場合には許容されるのかという問題提起があり得る。また，ウェブサイトの運営者が，提供に際して差別のような違法または不当な行為に用いることを禁止するような措置を契約等で講じていた場合には許容されるのか，という問題提起があり得る。

　なお，現時点でオプトアウト手続は届出制を採用しているものの，個人情報保護委員会がオプトアウト手続を希望する事業者から届出を受けた段階で，違法または不当な行為を助長等するおそれがないかを確認することで，そのような利用行為を未然に防ぐことも検討されるべきであろう。

(3)　Q21の3④関係（第三者提供関連）

　例えば，提供先の第三者が個人情報の取得目的を偽っていた等，個人情報の提供の時点において，提供した個人情報が違法に利用されることについて，提供元の事業者が一般的な注意力をもってしても予見できない状

45　オプトアウト規定による第三者提供の要件を厳格化することで，このような利用を違法とすることも考えられ，改正ではオプトアウト規定による第三者提供できる個人データの範囲を限定し，①不正取得された個人データと，②オプトアウト規定により提供された個人データについては対象外とした（法23条（27条）2項）。しかし，官報掲載された破産者情報は上記①②には該当せず，依然としてオプトアウト規定だけでは破産者情報の提供行為は制限できない。破産者情報を政令で要配慮個人情報に含めることがあり得ないわけではないが，その見込みは薄いと思われる。

況であった場合には、「おそれ」は認められないと考えられる。そのため、この場合には、提供元の事業者による個人情報の提供は、不適正利用には該当しないと考えられる。他方で、例えば、提供の時点において、提供先の第三者が個人情報を違法に利用していることがうかがわれる客観的な事情を提供元の事業者が認識しており、提供した個人情報も当該第三者により違法に利用されることが一般的な注意力をもって予見できる状況であったにもかかわらず、当該第三者に対して個人情報を提供した場合には、「おそれ」が認められ、提供元の事業者による個人情報の提供は、不適正利用に該当する可能性がある[46]。

　不適正利用の禁止は、本人の事前の同意を得て個人情報を第三者に提供する場面において、提供元の事業者に対して、提供先の第三者による個人情報の利用目的や、当該第三者に個人情報を違法または不当な目的で利用する意図がないことの確認を義務づける趣旨ではない。提供元の事業者が、提供先の第三者が個人情報を違法に利用していることがうかがわれる客観的な事情を認識した場合には、提供に先立って提供先の第三者による個人情報の利用目的や、当該第三者に個人情報を違法または不当な目的で利用する意図がないことを確認する必要があると考えられる[47]。

(4)　プロファイリング行為

　上記の事案のほか、個人情報保護委員会が背景として、「データ分析技術の向上等」を挙げ、それが潜在的に個人の権利利益の侵害につながることを懸念していることから、例えば、データを分析して特定の個人をプロファイリング[48]する行為のうち個人の権利利益の侵害につながるものは規制対象となる可能性がある。近時、データを分析して特定の個人をプロファイリングする行為に関連して問題となった事案として、就活サイトが

46　委員会Q&A 3 - 3。
47　委員会Q&A 3 - 4。

就活生の内定辞退率を予測した上で，就活生の同意を得ることなく当該内定辞退率を第三者に販売した事案がある。報道[49]では，この事案について個人情報保護委員会は，就活生の同意を得ていなかったことは問題であるものの，内定辞退率の算出自体が社会的に適正でない利用とはいえないと説明したとし，不適正な利用の禁止義務違反とはならない見込みであるとされている。この委員会の説明は不適正な利用の禁止義務の規制の範囲が過度に広範にならないよう限定する意図と推察できる。

　この点，本人の認識なく他社の情報と自社の情報を突合した上で個人情報から行動傾向を導き，それに基づいて採否や契約の成否といった当該個人に対する重要な判断をするような利用をする場合には，本人が予想しない不利益を被る可能性があるともいえ，かかる不利益が，前述の差別を助長するようなデータベースと実質的には同等程度である場合も想定できると思われる。この観点からは，プロファイリングの過程や態様によっては，社会通念に従って不正な利用であるとの評価がされることもあり得ると思われる。

　この点，ガイドライン通則編パブコメ57では，プロファイリングの目的や得られたデータの利用方法など個別の判断が必要であるが，プロファイリングに関わる個人情報の取扱いが「違法または不当な行為を助長，または誘発するおそれ」がある場合は，不適正利用に該当する場合があり得るとされている[50]。

48　一般データ保護規則（GDPR）4条(4)では，プロファイリングとは，自然人と関連する一定の個人的側面を評価するための，特に，当該自然人の業務遂行能力，経済状態，健康，個人的嗜好，興味関心，信頼性，行動，位置および移動に関する側面を分析または予測するための，個人データの利用によって構成される，あらゆる形式の，個人データの自動的な処理を指すと定義されている。

49　朝日新聞デジタル2019年12月16日「個人情報『適正な利用義務』保護法の改正大綱発表」。

50　一問一答109頁では，①本人の権利または正当な利益が害されるおそれがある場合等の利用停止等の請求を認めたこと，②不適正利用禁止義務，③個人関連情報規制，④第三者提供記録の開示義務がプロファイリングへの懸念に応えるものだとする。

2 不適正利用の禁止義務違反とならないための対策

　従来，個人情報保護法は要配慮個人情報を除き，本人の同意なく個人情報を取得し利用目的の範囲内で利用することができた。しかし，不適正な利用の禁止義務の観点からは，利用目的の通知公表等に際して利用行為の内容を明確かつ詳細に説明をし，透明性を確保していたとしても，その内容自体が慎重に検討されなければならない。当該個人情報の利用について本人の同意を得ることで不適正な利用の禁止義務違反となるリスクを軽減することは可能である。

　しかし，本人への差別を助長したり，重大な不利益を生じ得る場合のように本人の有効な同意が期待できない類型では，本人が形式的に同意をしたとしても有効な同意をしたとは判断されがたい。したがって，不適正な利用の禁止義務の観点からは，本人に対して説明をした，あるいは，同意を得たという形式的な判断ではなく，これまで以上に，実質的な利用行為の適正性への配慮が求められることになる。その観点からは，例えば，個人情報の利用開始前に，予定している利用方法によるプライバシーを含め個人の権利自由に対する影響を評価し，必要に応じてリスクの低減措置を行い，記録として残しておくこと等が考えられる[51]。

　なお，上記の就活生の内定辞退率の事案では，個人情報取扱事業者が個人情報の利用に関して法の適用関係等について適切な検討を行わず，個人データの安全管理のために必要かつ適切な措置を講じなかった場合には，安全管理措置義務に違反する（法20条（23条））との判断が示されているところである[52]。したがって，改正法施行後は，不適正な利用の禁止義務の

---

[51]　この点，今回の改正では，PIA（プライバシー影響評価）については，民間の自主的な取組みを促すことが望ましいものとされ，条文への導入は見送られているが，民間の自主的な取組みを促進するために，個人情報保護委員会としても，PIAに関する事例集の作成や表彰制度の創設など，今後，その方策を検討していくこととするとされている（大綱19頁。PIAについてはQ27を参照）。

[52]　個人情報保護委員会「個人情報の保護に関する法律第42条第1項の規定に基づく勧告等について」（2019年8月26日付）。

観点での検討を怠ること自体も20条（23条）違反を構成する可能性がある。
また，検討したとしてその検討内容に不備があれば不適正な利用の禁止義
務（16条の2（19条））違反となるだろう。

第4章

事業者による自主的な取組みを促す仕組みのあり方

Q23 保有個人データに関する公表等事項（総論／プライバシーポリシーの改訂ポイント）

保有個人データに関して公表等が求められる事項に変更がありますか。これにより，プライバシーポリシーを改訂する必要がありますか。

A 保有個人データに関して公表が求められる事項が追加されます。これにより，実務上，プライバシーポリシーの改訂等の対応が必要となります。

解説··

1 現行法上の保有個人データに関する事項の公表等のルール

現行法上，個人情報取扱事業者は，保有個人データについて，次の①から④までの情報を本人の知り得る状態（本人の求めに応じて遅滞なく回答する場合を含む）に置かなければならない（法27条（32条）1項）。

① 個人情報取扱事業者の氏名または名称

② すべての保有個人データの利用目的（ただし，一定の場合[1]を除く）

③ 保有個人データの利用目的の通知の求めまたは開示等の請求[2]に応じる手続および保有個人データの利用目的の通知の求めまたは開示の請求に係る手数料の額（定めた場合に限る）

④ ①～③に掲げるもののほか，保有個人データの適正な取扱いの確保に関し必要な事項として政令で定めるもの

1 　法18条（21条）4項1号から3号までに該当する場合。

2 　保有個人データの開示，内容の訂正，追加もしくは削除，利用停止等もしくは消去または第三者への提供の停止の請求をいう。

　上記④に関しては，施行令において保有個人データの取扱いに関する苦
情の申出先および当該個人情報取扱事業者が認定個人情報保護団体の対象
事業者である場合にあっては，当該認定個人情報保護団体の名称および苦
情の解決の申出先が定められている（施行令8条（10条））。

2　改正法による公表等事項の追加

　改正法により，上記1①の個人情報取扱事業者の氏名または名称に加え，
住所ならびに個人情報取扱事業者が法人の場合は，その代表者の氏名を本
人の知り得る状態に置くことが求められることとなる。

　もっとも，本人が認識できる形であれば，必ずしも1つのウェブページ
にて法27条（32条）1項各号の事項をすべて掲載する必要はなく，複数の
ウェブページに分けてこれを掲載するといった対応も可能とされ，例えば，
会社概要ページ等にこれらの情報が載っていればよいといえる[3]。代表者
が交代した際にプライバシーポリシーの更新漏れを防ぐ意味でも，あえて
代表者名をプライバシーポリシーに直接明記しなくてもよいと思われるが，
実務上は，会社概要ページへのリンクを貼っておくことは有益であると考
えられる。

　また，現行法上，本人が，事業者の個人データの取扱いについて，その
内容を判断する材料は利用目的のみであったところ，本人の適切な理解と
関与を可能としつつ，事業者における個人情報の適切な取扱いを促す観点
から，施行令により，個人情報の取扱体制や講じている措置の内容が，公
表事項として追加された。具体的には，法20条（23条）の規定により保有
個人データの安全管理のために講じた措置の内容を本人の知り得る状態
（本人の求めに応じて遅滞なく回答する場合も含む）に置かなければなら
ない（法27条（32条）1項4号，施行令8条（10条）1号）。ただし，当該保

3　パブコメ通則編446。

有個人データの安全管理に支障を及ぼすおそれがあるものについては，その必要はない（詳細はQ25を参照）。

その他，施行令により，従来と同様，保有個人データに関する公表等事項として，当該個人情報取扱事業者が行う保有個人データの取扱いに関する苦情の申出先，ならびに，当該個人情報取扱事業者が認定個人情報保護団体の対象事業者である場合にあっては，当該認定個人情報保護団体の名称および苦情の解決の申出先が規定されている。

【追加された保有個人データに関する公表事項】

・事業者の住所（法27条（32条）1項1号）
・事業者である法人の代表者の氏名（法27条（32条）1項1号）
・個人データの第三者提供時の記録の開示手続（法27条（32条）1項3号，法28条5項）
・本改正で追加された利用停止等の手続（法27条（32条）1項3号，法30条（35条）5項）
・保有個人データの安全管理のために講じた措置（ただし，本人の知り得る状態に置くことにより当該保有個人データの安全管理に支障を及ぼすおそれがあるものを除く。法27条（32条）1項4号，施行令8条（10条）1号）

3　保有個人データの処理の方法

大綱によれば，保有個人データの処理の方法等の本人に説明すべき事項を，保有個人データに関する公表等事項として追加することが予定されていたが[4]，検討の結果，利用目的の特定（法15条（17条））を通じて本人がどう取り扱われているかを認識できるようにする解釈が示された（詳細は

4　大綱20頁。

Q24を参照）。

4　実務への影響（プライバシーポリシーの改訂）

　改正法により，事業者は，プライバシーポリシーの改訂が必要になると想定され，改訂の検討が必要なポイントは以下となる。

① 　ガイドライン改正による利用目的の記載の見直し（Q24参照）
② 　保有個人データに関する公表等事項の追加（本QおよびQ25参照）
③ 　共同利用がある場合には，共同利用に関する通知・本人に容易に知り得る状態におくべき[5]事項（管理責任者の住所と法人代表者名）の追加（Q54参照）
④ 　仮名加工情報を使う場合には，仮名加工情報に関する公表事項の追加（Q30以降参照）
⑤ 　個人関連情報規制を受けるケースにおいて，同意取得にあたっての情報提供をプライバシーポリシー内で行う場合の記載の追加（Q42以降参照）
⑥ 　外国にある第三者への個人データの提供を行うケースにおいて，法的根拠を同意とし，同意取得にあたっての情報提供をプライバシーポリシー内で行う場合の記載の追加（Q61およびQ62）

　②については，本人の求めに応じて遅滞なく回答する場合を含むため，プライバシーポリシーに必ず記載しなければならないわけではない。従前

5 　「本人が容易に知り得る状態」とは，事業所の窓口等への書面の掲示・備付けやホームページへの掲載その他の継続的方法により，本人が知ろうとすれば，時間的にも，その手段においても，簡単に知ることができる状態をいい，事業の性質および個人情報の取扱状況に応じ，本人が確実に認識できる適切かつ合理的な方法によらなければならない（規則7条（11条）1項2号）。例えば，本人が閲覧することが合理的に予測される個人情報取扱事業者のホームページにおいて，本人がわかりやすい場所（例：ホームページのトップページから1回程度の操作で到達できる場所等）に法定事項をわかりやすく継続的に掲載すること等が求められる（ガイドライン通則編3－6－2－1）。

は，実務上，プライバシーポリシーに記載している例は多かったが，特に，保有個人データの安全管理のために講じた措置について，プライバシーポリシーにすべてを記載するかどうか等は要検討となるであろう。

　③については，例えば，ウェブサイトの会社概要のページにリンクを貼るといった対応も可能である。

　⑤および⑥についてはプライバシーポリシーに記載して公表しておけばよいのではなく，同意を得る必要があるものであり，プライバシーポリシーにまとめて記載することが必須というわけではないが，実務上は，プライバシーポリシー（該当情報を記載した別ページにリンクを飛ばすことも考えられる）に情報を記載し，同意を得るにあたって，記載箇所を明示してこれを参照してもらう形で同意を得る方法も考えられると思われる。また，これらの情報もプライバシーポリシーに一元的に記載して（該当情報を記載した別ページにリンクを飛ばすことも考えられる），本人がいつでも確認できるようにしておくことが有益といえる。

Q24　利用目的の記載

改正ガイドライン通則編により，利用目的の記載内容に変更が必要になりますか。

A 改正ガイドライン通則編の利用目的の記載に関するルールに従い，現在の利用目的の記載が十分か見直して，不十分である場合には記載変更が必要となります。なお，すでに効力が生じている現行法に関する現行法委員会Q&Aの２－１で利用目的の特定方法に関しては，改正ガイドライン通則編が先取りされているため注意が必要です。

解説

大綱によれば，保有個人データの処理の方法等の本人に説明すべき事項を，保有個人データに関する公表等事項として追加することが予定されていたが，検討の結果，利用目的の特定（法15条（17条））を通じて本人がどう取り扱われているかを認識できるようにする解釈が示された。

従来，個人情報の利用目的の特定義務との関係では個人情報取扱事業者が一連の取扱いにより最終的に達成しようとする目的を特定することが求められ，個々の取扱いプロセスを明らかにする必要はなかった。しかし，利用目的の特定の趣旨からすると，本人が，自らの個人情報がどのように取り扱われることとなるか，利用目的から合理的に予測・想定できないような場合は，この趣旨に沿ってできる限り利用目的を特定したことにはならない。そこで，例えば，いわゆる「プロファイリング」といった，本人から得た情報から，本人に関する行動・関心等の情報を分析する場合，個人情報取扱事業者は，どのような取扱いが行われているかを本人が予測・

想定できる程度に利用目的を特定しなければならない，との解釈が示された[6]。本人にサプライズを与えないような形で利用目的を説明する必要がある。

例えば，以下のような記載例[7]が考えられる。

従前の記載	これからの記載例
「広告配信のために利用します」	「取得した閲覧履歴や購買履歴等の情報を分析して，趣味・嗜好に応じた新商品・サービスに関する広告のために利用いたします」
「取得した情報を第三者へ提供します」	「取得した行動履歴等の情報を分析し，信用スコアを算出した上で，当該スコアを第三者へ提供いたします」

以上を踏まえた上で，現在の利用目的の記載が十分かどうかを見直して，不十分である場合には記載変更が必要となる。

6　ガイドライン通則編3－1－1。なお，すでに2021年9月30日に効力が生じている，現行法に関する現行法委員会Q&Aの2－1で利用目的の特定方法に関しては，この改正ガイドラインの内容が先取りされているため注意が必要である。

7　上の2つの「これからの記載例」は，ガイドライン通則編3－1－1の例。

Q25 保有個人データに関する公表等事項（保有個人データの安全管理のために講じた措置）

保有個人データの安全管理のために講じた措置の公表等が必要になったと聞きました。特に重要な実務上のポイントはどこにあるでしょうか。

A 保有個人データの安全管理のために講じた措置が，保有個人データに関する公表等事項に追加されました。特に，外的環境の把握の関係で，事業者が外国にある支店・営業所で個人データを取り扱わせる場合，外国にある第三者に個人データの取扱いを委託（再委託以降を含む）する場合，外国のクラウド事業者を用いる場合，外国で従業員にテレワークさせる場合等には外国の国名の公表等が求められます。ここでは，拠点等の所在国（外国テレワークの場合は従業員の所在国含む）およびサーバの場所の双方が対象となります。これらの情報の把握に時間を要すると思われ，実務上注意が必要です。

解説··

1 総　論

　施行令により，個人情報の取扱体制や講じている措置の内容が，公表等事項として追加された。具体的には，法20条（23条）の規定により保有個人データの安全管理のために講じた措置の内容を本人の知り得る状態（本人の求めに応じて遅滞なく回答する場合も含む）に置かなければならない（法27条（32条）1項4号，施行令8条（10条）1号）。ただし，当該保有個人データの安全管理に支障を及ぼすおそれがあるものについては，その必

要はない。

　当該安全管理のために講じた措置は，事業の規模および性質，保有個人データの取扱状況（取り扱う保有個人データの性質および量を含む），保有個人データを記録した媒体等に起因するリスクに応じて，必要かつ適切な内容としなければならないことから，当該措置の内容は事業者によって異なる。ガイドライン通則編によれば，以下の７つの項目について記載しなければならず，当該内容については，例えば，「個人情報の保護に関する法律についてのガイドライン（通則編）」に沿って安全管理措置を実施しているといった内容の掲載や回答のみでは適切ではないとされている[8]。各事業者は，同項の趣旨に基づき，実務上，どの程度の記載をするべきかを検討する必要がある。

【安全管理のために講じた措置として本人の知り得る状態に置くべき項目】

- ・基本方針の策定
- ・個人データの取扱いに係る規律の整備
- ・組織的安全管理措置
- ・人的安全管理措置
- ・物理的安全管理措置
- ・技術的安全管理措置
- ・外的環境の把握

　上記の保有個人データに関する公表等の方法については，本人の求めに応じて遅滞なく回答する場合も含むとされているため，必ずしも常時掲載することが求められているわけではない。事業者の規模や個人事業主等の個人情報保護の必要性に鑑みて，問合せがあった場合に本人に対し遅滞なく回答する体制を整備しておくことも可能である[9]。

8　ガイドライン通則編３−８−１。

9　一問一答70頁。

2　外的環境の把握

　上記のうち「外的環境の把握」は，令和2年改正の前提にある外国における個人データの取扱いに関わる外的環境のリスクとしての高まりを重視し，外国において個人データを取り扱う場合，当該外国の制度等を把握した上で安全管理措置を講ずべき旨がガイドラインで明確化されたことで[10]，保有個人データに関して，本人の知り得る状態におくべき項目である安全管理措置の一環として含まれたものである[11]。

　例えば，以下に掲げるような場合は，「外国において個人データを取り扱う場合」に該当する[12]。

・個人情報取扱事業者が，外国にある支店・営業所に個人データを取り扱わせる場合（外国にある支店等や従業者が，日本国内に所在するサーバに保存されている個人データにアクセスして，これを取り扱う場合においても同様[13]）

・外国に支店等を設置していない場合であっても，外国に居住してテレワークをしている従業者に個人データを取り扱う業務を担当させる場合[14]

・個人情報取扱事業者が，外国にある第三者に個人データの取扱いを委託する場合

・外国にある個人情報取扱事業者が，国内にある者に対する物品または役務

10　ガイドライン通則編10-7。

11　前掲注8と同じ。

12　委員会Q&A10-22。

13　委員会Q&A10-23。

14　委員会Q&A10-23では，外国に支店等を設置していない場合であっても，外国にある従業者に個人データを取り扱わせる場合，本人が被る権利利益の侵害の大きさを考慮し，その個人データの取扱状況（個人データを取り扱う期間，取り扱う個人データの性質および量を含む）等に起因するリスクに応じて，従業者が所在する外国の制度等を把握すべき場合もあると考えられるとされている。なお，外国に出張中の従業者に一時的にのみ個人データを取り扱わせる場合には，必ずしも，安全管理措置を講じるにあたって，外国の制度等を把握する必要まではないと考えられるとされる。

の提供に関連して，国内にある者を本人とする個人データを取り扱う場合
（法75条（166条）参照）

　また，クラウドとの関係についても，従前から，クラウドサービス提供
事業者が，当該個人データを取り扱わないこととなっている場合には，当
該個人情報取扱事業者は個人データを提供したことにはならないが，クラ
ウドサービスを利用する事業者は，自ら果たすべき安全管理措置の一環と
して，適切な安全管理措置を講じる必要があるものとされてきた[15]。その
ため，外的環境についても，A国にある第三者が運営する，B国にある
サーバに個人データを保存する場合，A国（サーバの運営事業者が所在す
る国）における制度等およびB国（サーバが所在する国）における制度等
のそれぞれが個人データの取扱いに影響を及ぼし得るため，事業者は，こ
れらを把握した上で安全管理措置を講じる必要があり，A国およびB国の
名称を明らかにした上で，保有個人データの安全管理のために講じた措置
を本人の知り得る状態に置く必要があるものとされている。他方，個人
データが保存されるサーバが所在する国を特定できない場合には，サーバ
が所在する外国の名称に代えて，①サーバが所在する国を特定できない旨
およびその理由，および，②本人に参考となるべき情報（例えば，サーバ
が所在する外国の候補が具体的に定まっている場合における当該候補とな
る外国の名称等）を本人の知り得る状態に置く必要があるとされる[16]。

　以上により，支店・営業所・委託先（再委託先以降を含む）・クラウド
事業者の所在する国（外国テレワークの場合は従業員の所在国を含む）や
サーバが所在する国その他の保有個人データを取り扱う国の国名を把握し
て，公表等することが必要になると考えられる。これらの情報の把握には
時間を要し，負担も重いと思われ，実務上留意が必要である。

15　委員会Q&A 7 - 53, 7 - 54, 12 - 3 参照。
16　委員会Q&A10 - 25。

3　当該保有個人データの安全管理に支障を及ぼすおそれがあるもの

当該保有個人データの安全管理に支障を及ぼすおそれがあるものについては，保有個人データの安全管理のために講じた措置の内容を本人の知り得る状態に置く必要はない。

何をもって安全管理に支障を及ぼすおそれがあるかについては，取り扱われる個人情報の内容，個人情報の取扱いの態様等によって様々であり，事業の規模および性質，保有個人データの取扱状況等に応じて判断されるものとされている。例えば，「盗難または紛失等を防止するための措置を講じる」，「外部からの不正アクセスまたは不正ソフトウェアから保護する仕組みを導入」といった内容のみでは，本人の知り得る状態に置くことにより保有個人データの安全管理に支障を及ぼすおそれがあるとはいえないが，その具体的な方法や内容（①個人データが記録された機器等の廃棄方法，盗難防止のための管理方法，②個人データ管理区域の入退室管理方法，③アクセス制御の範囲，アクセス者の認証手法等，④不正アクセス防止措置の内容等）については，本人の知り得る状態に置くことにより保有個人データの安全管理に支障を及ぼすおそれがあると考えられる[17]。

17　前掲注8と同じ。

Q26 認定個人情報保護団体制度の改正

認定個人情報保護団体制度はどの点が変わったのですか。

A 認定個人情報保護団体制度について，企業の特定分野（部門）を対象とする団体を認定できるようになります。

解説

1 現行法上の認定個人情報保護団体制度

認定個人情報保護団体は，業界・事業分野ごとの民間による個人情報の保護の推進を図るため，個人情報取扱事業者の個人情報の適正な取扱いの確保を目的として，業務の対象となる個人情報取扱事業者についての苦情の処理，情報提供等の業務を行うものである。

認定個人情報保護団体による対象事業者に対する情報提供業務には，「個人情報保護指針」の策定が含まれる（法53条（54条）1項）。個人情報保護指針は，利用目的の特定や安全管理のための措置等，個人情報保護法上の個人情報取扱事業者の各義務規定に関する事項について，業界・事業分野の特定に応じた具体的な履行方法等を法律の規定の趣旨に沿って定め，公表するものである（同条3項）。認定個人情報保護団体が個人情報保護指針を作成することは努力義務であるが，対象事業者に対し，策定した個人情報保護指針を遵守させるための措置は法的義務である（同条4項）。

このような民間個人情報保護団体制度は，民間事業者による自主的な取組みを促すことで個人情報等の保護のレベルを高めることを狙った日本独自の制度であり，事業者の自主的な取組みを法の重要な要素として位置づける仕組みとして，国際的に注目されているものである[18]。

2　企業の特定分野を対象とする団体の認定

　認定個人情報保護団体は，上記のとおり個人情報等の保護のレベルを高める意義のある制度であったが，以下の課題が指摘されていた[19]。

【指摘された課題】

> ・平成27年改正法以前は，個人情報保護法が主務大臣制であった影響もあり，構成団体の多くが業界単位となっていること。
> ・インターネット関連サービス業等，業態が多様化しているものについては，必ずしも「業界団体」に加入していない事業者も多く，加入率が低い傾向にあること。
> ・業種横断的に特定の事業を対象に活動する団体による専門性を生かした個人情報の保護のための取組みも望まれる中，現行法上，認定個人情報保護団体は，対象事業者の個人情報等の取扱い全般を対象とすることとされており，特定の事業のみを対象とすることはできないこと。

　加えて，現行法下では，認定個人情報保護団体制度が企業全体として対象事業者となるという前提となっている点が，活動の幅を制約しているとの指摘があった。企業全体として対象事業者となるという前提があることにより，大企業等，幅広い事業分野を有する企業については，企業全体の幅広い業務に対応した認定個人情報保護団体をみつけることが難しい場合が想定される一方で，認定個人情報保護団体としても，当該団体の特性に必ずしもふさわしくない部門を含め，対象事業者となる企業全体に関する業務に対応せざるを得ない可能性があった[20]。

　そこで，改正法により，個人情報取扱事業者における個人情報を用いた業務実態の多様化や，必要な規律のあり方の変化を踏まえ，認定個人情報

18　大綱17頁。
19　上掲注18と同じ。
20　大綱18頁。

保護団体制度については，対象事業者のすべての分野（部門）を対象とする現行制度に加え，企業の特定分野（部門）を対象とする団体を認定できるようにした（法47条1項・2項）。このように制度が拡充されることにより，認定団体および対象事業者が増加し，データ主体である本人にとっては苦情処理に関する選択肢が増えるといった効果が期待される[21]。また，個人情報保護委員会が特定分野（部門）を対象とする認定を行ったときには，認定した旨と併せて当該特定分野（部門）を公示するなど，本人との関係における明確化を図ることとしている（法47条4項）。

3　ガイドライン認定個人情報保護団体編

今般の改正に併せて，認定個人情報保護団体に求められる役割や望ましい取組みの方向性，具体的な業務等を示す，ガイドライン認定個人情報保護団体編が新たに策定され，例えば，以下のような点が記載されている。

・認定個人情報保護団体は，法の定める規律が一般法としての必要最小限度のものであることを踏まえ，対象事業者の個人情報等の適正な取扱いを確保し，分野ごとにより高い水準の個人情報保護が図られるよう，取り扱う個人情報等の性質，利用方法，取扱いの実態等に即した自主ルールとして，個人情報保護指針の作成に努めなければならない。個人情報保護指針は，法の趣旨に沿って策定される必要があるが，単に法の内容を落とし込むのみならず，事業分野等の実態に応じた自主ルールとして，利用目的の特定，安全管理のための措置，開示等の請求等に応じる手続，仮名加工情報，匿名加工情報に係る作成の方法，その情報の安全管理のための措置等について，細目や事例を盛り込んでいくことが望ましい[22]。
・対象事業者の従業員に対する研修，調査研究などの業務のほか，PIA

21　一問一答90頁。
22　ガイドライン認定個人情報保護団体編6。

(Privacy Impact Assessment：プライバシー影響評価)（Q27）を含む
プライバシー・バイ・デザインの実践や，個人データの取扱いに関する責
任者の設置（Q28）を含む組織体制の整備などの個人情報等の適正な取扱
いの確保に関する事項についても，対象事業者に対して積極的に推奨して
いくことが望ましい[23]。

・漏えい等事案について，法令上の義務である個人情報保護委員会等への報
告[24]（Q15〜18）に加えて，自主的取組みの一環として，対象事業者から
当該事案の情報を受け付けることは有効である。個人情報保護委員会等へ
の報告義務の対象となる事案以外のものを含め，事業分野の実態等を踏ま
え，必要に応じて，認定個人情報保護団体が報告を受け付ける体制を確立
し，対象事業者による当該事案への対応，再発防止のための措置や本人通
知・公表等に対する実効的な指導・助言等を行うことが望ましい。対象事
業者に漏えい等事案の報告を求めるにあたり，認定個人情報保護団体は，
漏えい等報告の基準や報告方法といった内容について，個人情報保護指針
を含む自主ルールに盛り込むといった対応も望ましい[25]。

23　ガイドライン認定個人情報保護団体編4－3。
24　現行法では，認定個人情報保護団体の対象事業者による漏えい等の報告は，認定個人情報保護
　団体に対してなされる運用がされていた。しかし，改正法では，認定個人情報保護団体の対象事
　業者である個人情報取扱事業者であっても，個人情報保護委員会または権限委任官庁への報告に
　限定されることとなる。
25　上掲注23と同じ。

Q27　PIA（プライバシー影響評価）

PIA（Privacy Impact Assessment：プライバシー影響評価）は
義務づけられたのでしょうか。

 A　PIAについては，民間機関の自主的な取組みを促すことが望ましいとされており，法的には義務づけられませんでした。

解説

　PIA（Privacy Impact Assessment：プライバシー影響評価）とは，個
人情報等の収集を伴う事業の開始や変更の際に，プライバシー等の個人の
権利利益の侵害リスクを低減・回避するために，事前に影響を評価するリ
スク管理手法である[26]。

　以下のコラムで論じるとおり，欧州の一般データ保護規則（GDPR）に
おいては，自然人の権利および自由に対する高度のリスクをもたらす可能
性がある場合にDPIA（Data Protection Impact Assessment：データ保護
影響評価）の実施が義務づけられ，DPIA実施の結果，自然人の権利およ
び自由に対して高いリスクをもたらすおそれがあると判断された場合には，
当該個人データの処理を開始する前に監督機関と協議しなければならない
とされている（GDPR35条および36条）。

　日本においても，マイナンバーについては，特定個人情報保護評価等と
いう制度がすでに存在している（番号法27条および28条）。特定個人情報保
護評価とは，特定個人情報ファイルを保有しようとするまたは保有する国
の行政機関や地方公共団体等が，個人のプライバシー等の権利利益に与え

26　個人情報保護委員会「PIAの取組の促進について―PIAの意義と実施手順に沿った留意点―」
（2021年6月30日）3頁。

る影響を予測した上で特定個人情報の漏えいその他の事態を発生させるリスクを分析し，そのようなリスクを軽減するための適切な措置を講ずることを宣言するものである[27]。これは，PIAに相当するものであるとされる。

　大綱では，PIAについては，特に，大量の個人データを扱う事業者にとっては，このプロセスを通じた事前評価を行うことで，個人データの管理や従業員への教育効果等も含め，事業者自身にとって，効率的かつ効果的に必要十分な取組みを進めるための有用な手段であるとされた[28]。

　また，中間整理の意見募集でも，PIAなどについて，漏えい時の緩和措置として働くようにすべき，PIAを努力義務化し，一定の場合は義務化を検討すべきなどの意見もあったとされた。

　他方，PIAについては，自社の基準に基づいて自主的に実施する事業者が増加してきているとともに，民間において，国際規格（ISO/IEC 29134：2017）のJIS規格化が進められている（註：2021年1月20日に，JISX9251：2021「情報技術―セキュリティ技術―プライバシー影響評価のためのガイドライン」が発行された）中，現時点において評価の項目や手法等を規定して義務化することは，かえってこうした自主的な取組みを阻害するおそれもあるものとされた。したがって，このような民間の動向を踏まえつつ，民間の自主的な取組みを促すことが望ましいものとされ，今回の改正では，条文化は見送られている。

　大綱では，民間の自主的な取組みを促進するために，個人情報保護委員会としても，PIAに関する事例集の作成や表彰制度の創設など，今後，そ

27　詳細は，個人情報保護委員会の特定個人情報保護評価に関するウェブサイト（https://www.ppc.go.jp/legal/assessment/）を参照。特定個人情報保護評価に関する規則，特定個人情報保護評価指針（平成26年特定個人情報保護委員会告示第4号）が制定されており，同指針に関する解説も存在する。個人情報保護委員会のマイナンバー保護評価Web（https://www.ppc.go.jp/mynumber/）では，国の行政機関や地方公共団体等が公表した特定個人情報保護評価書を検索・閲覧することができる。

28　大綱19頁。

の方策を検討していくこととするとされた[29]。

　そして，この大綱での方針を踏まえて，個人情報保護委員会は，2021年6月30日に，個人情報保護委員会「PIAの取組の促進について―PIAの意義と実施手順に沿った留意点―」[30]を公表しており，PIAの意義（PIAの考え方，国内外の動向），PIAの実施手順に沿った留意点（PIAの実施要否の検討，PIAの準備，リスクの特定，リスクの評価，リスクへの対応，PIA報告書のとりまとめ等）について論じている。ただし，「PIAは，あくまで個人情報等の取扱いを伴う新規事業等における個人の権利利益の侵害リスクについて，事前の影響評価を行うことにより，必要な対策に繋げていくことが目的であるから，その実施手法は，事業者のリソース等も踏まえ，最終的には事業者自身において，最適な手法を考慮していくことが重要であり，画一的なものではない」としている[31]。そして，「国内では一部の事業者がPIAを実施しているものの，社会に十分に浸透しているとはいえない」「PIAの意義や実施方法が十分に理解されていないことが一因と考えられるが，今後，JISX9251：2021の発行等も契機に，PIAの取組が広がっていくことが期待される」としている[32]。

　ガイドライン認定個人情報保護団体編では，認定個人情報保護団体（Q26）がPIAを含むプライバシー・バイ・デザインの実践についても，対象事業者に対して積極的に推奨していくことが望ましいとされている[33]。

29　前掲注28と同じ。

30　https://www.ppc.go.jp/files/pdf/pia_promotion.pdf

31　「PIAの取組の促進について―PIAの意義と実施手順に沿った留意点―」8頁。

32　「PIAの取組の促進について―PIAの意義と実施手順に沿った留意点―」7頁。

33　前掲注23と同じ。

─ コラム ───────────────

GDPRにおけるDPIA（データ保護影響評価）

　GDPRでは，処理の性質，範囲，過程および目的を考慮に入れた上で，特に新たな技術を用いるような種類の処理が自然人の権利および自由に対する高いリスクを発生させるおそれがある場合，管理者は，その処理の開始前に，予定している処理行為の個人データの保護に対する影響についてのDPIA（データ保護影響評価）を行わなければならないものとしている（GDPR35条1項）。

　そして，DPIA実施の結果，自然人の権利および自由に対して高いリスクをもたらすおそれがあると判断された場合には，当該個人データの処理を開始する前に監督機関と協議しなければならないとされている（GDPR36条）。実務上は，企業としては監督機関との協議を避けたいため，協議が不要であると整理ができる程度に，自然人の権利および自由に対する高いリスクを低減させるようにデータの処理行為に変更を加えるということが行われている。DPIAは，データ主体（本人）にとって，リスクが高いデータ処理についての自主的評価を行わせることを通じて，未然にそのようなリスクが高いデータ処理を行うことを防ぐ役割を果たしている。

　ここで，GDPRのDPIAに関するガイドライン[34]は，以下の9つの基準のうち2つ以上を充足する場合には，自然人の権利および自由に対する高いリスクを発生させるおそれがあるものとして，多くの場合，DPIAが要求されるものとしている。

①　評価またはスコアリング
②　法的効果または類似の重大な影響を伴う自動的な意思決定
③　体系的監視
④　特別カテゴリーの個人データまたは極めて個人的な性質のデータ
⑤　大規模なデータ処理
⑥　データ主体の合理的予想を超えるデータセットの照合または組み合わせ

34　WP 248 rev.01 Guidelines on Data Protection Impact Assessment（DPIA）and determining whether processing is "likely to result in a high risk" for the purposes of Regulation 2016/679（仮日本語訳は，https://www.ppc.go.jp/files/pdf/dpia_guideline.pdfで入手できる）。

⑦　子ども等の脆弱なデータ主体に関するデータ

⑧　技術的もしくは組織的な解決策の革新的な利用または適用

⑨　処理自体が，データ主体が権利を行使しまたはサービスを利用しもしくは契約を行うことを妨げる場合

　GDPR上，DPIAには，少なくとも以下の事項を含めるものとされている（GDPR35条7項）。

(a)　予定されている処理行為および処理の目的の体系的な記述。該当する場合，管理者の求める正当な利益を含む

(b)　その目的に関する処理行為の必要性および比例性の評価

(c)　データ主体の権利および自由に対するリスクの評価

(d)　データ主体および他の関係者の権利および正当な利益を考慮に入れた上で，個人データの保護を確保するための，および，GDPRの遵守を立証するための保護措置，安全管理措置および仕組みを含め，リスクに対処するために予定されている手段

Q28 個人データの取扱いに関する責任者の選任

個人データの取扱いに関する責任者の選任は義務づけられたので
しょうか。

A 個人データの取扱いに関する責任者の選任については，民間機
関の自主的な取組みを促すことが望ましいとされており，改正
法での条文化は見送られました。

解説

欧州のGDPRにおいては，後掲のコラムでも説明するような一定の要件
を充足する場合には，独立性のあるData Protection Officer（DPO：デー
タ保護責任者）の選任が義務づけられている。

JISQ150001：2017 個人情報保護マネジメントシステムでは，トップマ
ネジメントが個人情報管理者（個人情報保護マネジメントの見直しおよび
改善の基礎として，トップマネジメントに個人情報マネジメントシステム
の運用状況を報告する者）および個人情報監督責任者（監査を指揮し，監
査報告書を作成し，トップマネジメントに報告する。監査員の選定および
監査の実施を担い，監査の公平性および公平性を確保する者）を定めるこ
とが想定されている（3.40および3.41。附属書A.3.3.4/B3.3.4参照）。

個人情報保護法のガイドライン通則編の（別添）講ずべき安全管理措置
の内容（法20条（23条）に定める安全管理措置として，個人情報取扱事業
者が具体的に講じなければならない措置や当該措置を実践するための手法
の例等を記載したもの）では，組織的安全管理措置として講じなければ
ならない措置である「⑴ 組織体制の整備」の項で，手法の例示として，
「個人データの取扱いに関する責任者の設置及び責任の明確化」が挙げら

れている。

　大綱では，個人データの取扱いに関する責任者の設置については，体制整備の一環として，個人情報の取扱いに関して，部署横断的・専門的な立場から各部署・従業員の指導・監督等を行うことは有効であるとされた[35]。

　そして，責任者の設置について一部義務化することも考えられるが，個人情報の取扱いに関して横断的に対応するための部署の自主的な設置が一定程度進展していること等を考慮すると，その要件や業務等を規定して一律に義務づけることは，こうした自主的な取組みを阻害するおそれがあるとされた。したがって，このような民間の動向を踏まえつつ，民間の自主的な取組みを促すことが望ましいものとされ，今回の改正では，条文化は見送られている。

　ガイドライン認定個人情報保護団体編では，認定個人情報保護団体（Q26）が個人データの取扱いに関する責任者の設置を含む組織体制の整備などの個人情報等の適正な取扱いの確保に関する事項についても，対象事業者に対して積極的に推奨していくことが望ましいとされている[36]。

35　大綱19〜20頁。

36　前掲注23と同じ。

┌─ **コラム** ─────────────────────

GDPRにおけるDPO（データ保護責任者）の選任義務

　GDPRでは，管理者または処理者の中心的業務が，①定期的かつ系統的なデータ主体の監視を大規模に行うデータ処理である場合または，②GDPR9条に定める特別カテゴリーの個人データおよびGDPR10条で定める有罪判決および犯罪行為と関連する個人データの処理を大規模に行うものである場合には，DPO（データ保護責任者）の選任義務がある（GDPR37条１項）。

　DPOは，データ保護に関する遵守状況の監視・内部への助言等を行う役職であり，DPOには，業務遂行に必要な資源・データ等への広範なアクセス権限を与えることになる。

　DPOには，厳しい利益相反の禁止があり，DPOは組織内で個人データの処理の目的と手段を決める立場に就くことができない（GDPR38条６項）。GDPRのガイドライン[37]によると，典型的には，例えば，最高経営責任者，最高執行責任者，マーケティング部長，人事部長，IT部長等はDPOにはなれないものとされている。

　報告対象は最高経営責任者のみとなっており，業務遂行に関連して指示を受けず，解雇または罰則を受けないものとされる等，強い独立性が要求される（GDPR38条３項）。

　DPOには，専門家としての資質，特に，データ保護の法令および実務に関する専門知識および職務を充定するための能力が要求されている（GDPR37条５項）。

　そのため，社内で利益相反の問題もクリアし，資質も充たし，かつ独立性による保護を与えても支障がないような適任者を選ぶことが困難なケースもあり，実務上は，外部の弁護士等をDPOに選任する例も見受けられる。

└─────────────────────────────

───────────────────

37　WP243 rev.01 Guidelines on Data Protection Officers（"DPOs"）（日本語仮訳がhttps://www.ppc.go.jp/files/pdf/dpo_guideline.pdfで公開されている）。

第5章

データ利活用に関する
施策のあり方

Q29　データ利活用に関する施策のあり方

　データ利活用に関する施策のあり方の観点からどのような法改正が
行われたのですか。

 A　「仮名加工情報」が創設される一方で，提供先において個人デー
タとなることが想定される個人関連情報に関する規律が明確化
されました。

解説··

1　「仮名加工情報」の創設

　改正法は，イノベーションを促進する観点から，他の情報を照合しなけ
れば特定の個人を識別することができないように加工された個人情報の類
型として「仮名加工情報」を導入する。仮名加工情報については，本人を
識別する利用を伴わない，事業者内部における分析に限定するための一定
の行為規制や，仮名加工情報に係る利用目的の特定・公表を前提に，個人
の各種請求（開示・訂正等，利用停止等の請求）への対応義務や，取扱い
に関する制限が一部緩和される。

2　個人関連情報に関する規律の明確化

　その一方で，改正法では，提供先において個人データとなる場合の規律
が明確化される。すなわち，個人に関する情報の活用手法が多様化する中
にあって，個人情報の保護と適正かつ効果的な活用のバランスを維持する
観点から，「個人関連情報」という類型を新たに設けた上で，提供元では
個人データに該当しないものの，提供先において個人データになることが
想定される個人関連情報について個人データの第三者提供を制限する規律

を適用する。具体的には，このような情報の第三者提供について，本人同意が得られていること等の確認を義務づける。

3　公益目的による個人情報の取扱いに係る例外規定の運用の明確化

　現行法上，利用目的の制限や第三者提供規制については「人の生命，身体又は財産の保護のために必要がある場合であって，本人の同意を得ることが困難であるとき」や「公衆衛生の向上又は児童の健全な育成の推進のために特に必要がある場合であって，本人の同意を得ることが困難であるとき」等の例外規定があるが（法16条（18条）3項各号，23条（27条）1項各号），これまで例外規定が厳格に運用されている傾向があった。これについては，改正法で新たに例外規定を設けるのではなく，想定されるニーズに応じ，ガイドラインやQ&Aで具体的に示していくことで，社会的課題の解決といった国民全体に利益をもたらす個人情報の利活用を促進することとされている。具体的には，安全面や効果面で質の高い医療サービスや医薬品，医療機関等の実現に向け，医療機関や製薬会社が，医学研究の発展に資する目的で利用する場合などが考えられている[1]。これを受けて，実際に，個人情報保護委員会は，委員会Q&Aの2-14，7-23，7-24，7-25の追加を行った。

1　大綱23頁。

Q30 仮名加工情報

仮名加工情報とはどのような情報ですか。

> **A** 法2条9項（5項）1号および2号に掲げる個人情報の区分に応じて当該各号に定める措置を講じて他の情報と照合しない限り，特定の個人を識別することができないように個人情報を加工して得られる個人に関する情報をいいます。

解説··

1 仮名加工情報とは

「仮名加工情報」とは，法2条9項（5項）1号および2号に掲げる個人情報の区分に応じて，当該各号に定める措置を講じて他の情報と照合しない限り，特定の個人を識別することができないように個人情報を加工して得られる個人に関する情報をいう（法2条9項（5項））。上記区分に応じた措置として，個人識別符号が含まれる個人情報については当該個人情報に含まれる個人識別符号の全部を削除することが必要であり，それ以外の個人情報については，当該個人情報に含まれる記述等の一部を削除することが必要となるが，当該個人識別符号および当該一部の記述等を復元することのできる規則性を有しない方法により他の記述等に置き換えることを含む（法2条9項（5項）1号・2号）。

「復元することのできる規則性を有しない方法」とは，置き換えた記述等から，置き換える前の特定の個人を識別することとなる記述等または個人識別符号の内容を復元することができない方法である[2]。

---

2 ガイドライン仮名・匿名加工情報編2－1－1。

2　仮名加工情報の導入の背景

　仮名加工情報という類型が導入された背景は次のように説明されている[3]。

　事業者の中には，自らの組織内部でパーソナルデータを取り扱うにあたり，安全管理措置の一環として，データ内の氏名等特定の個人を直接識別できる記述を他の記述に置き換えるまたは削除することで，加工後のデータ単体からは特定の個人を識別できないようにするといった，いわゆる「仮名化」と呼ばれる加工を施した上で利活用を行う例が見られる。こうした実務の広がりや情報技術の発展を背景として，個人情報取扱事業者においては，仮名化された個人情報について一定の安全性を確保しつつ，データとしての有用性を加工前の個人情報と同等程度に保つことにより，匿名加工情報よりも詳細な分析を比較的簡便な加工方法で実施し得るものとして，利活用しようとするニーズが高まっている。

　「仮名化」のように，個人情報と匿名加工情報の中間的規律について，従前より経済界から要望があり，中間整理の意見募集でも，匿名加工情報等との関係を整理した上で，「仮名化」制度の導入を指示する意見が多く寄せられた。特に，こうした仮名化された個人情報について，加工前の個人情報を復元して特定の個人を識別しないことを条件とすれば，本人と紐付いて利用されることはなく，個人の権利利益が侵害されるリスクが相当程度低下することとなる。一方で，こうした情報を企業の内部で分析・活用することは，わが国企業の競争力を確保する上でも重要である。

　そこで，一定の安全性を確保しつつ，イノベーションを促進する観点から，他の情報と照合しなければ特定の個人を識別することができないように加工された個人情報の類型として「仮名加工情報」が導入された。これにより内部分析を容易にすること等が期待される。

3　大綱21〜22頁。

3 仮名加工情報にいう「特定の個人を識別することができない」とは

個人情報保護法において「特定の個人を識別することができる」とは，情報単体または複数の情報を組み合わせて保存されているものから社会通念上そのように判断できるものをいい，一般人の判断力または理解力をもって生存する具体的な人物と情報の間に同一性を認めるに至ることができるかどうかによるものである[4]。仮名加工情報に求められる「他の情報と照合しない限り特定の個人を識別することができない」という要件は，加工後の情報それ自体により特定の個人を識別することができないような状態にすることを求めるものであり，当該加工後の情報とそれ以外の他の情報を組み合わせることによって特定の個人を識別することができる状態にあることを否定するものではない[5]。

4 仮名加工情報の加工基準

個人情報取扱事業者が個人情報から仮名加工情報を作成するときは，法35条の2（41条）1項に規定する規則18条の7（31条）各号で定める基準に従って適切に加工する基準がある。具体的な加工基準については，Q31参照。

なお，「作成するとき」は，仮名加工情報として取り扱うために，当該仮名加工情報を作成するときのことを指す。例えば，安全管理措置の一環として氏名等の一部の個人情報を削除（または他の記述等に置き換え）した上で引き続き個人情報として取り扱う場合，あるいは匿名加工情報または統計情報を作成するために個人情報を加工する場合等については，仮名加工情報を「作成するとき」には該当しない[6]。これは，仮名化処理をすれば仮名加工情報の規制がかかってしまうのではなく，仮名加工情報制度

---

4 前掲注2と同じ。

5 前掲注2と同じ。

6 ガイドライン仮名・匿名加工情報編2－2－2－1。

を使う意思を有する者にのみ規制をかける趣旨であり，匿名加工情報制度で，匿名化処理をすれば匿名加工情報の規制がかかってしまうのではなく，匿名加工情報制度を使う意思を有する者にのみ規制をかけているのと同じ趣旨であると考えられる。

5　仮名加工情報の取扱い

　仮名加工情報には，本人を識別する利用を伴わない，事業者内部における分析に限定するための一定の行為規制が適用される一方で，利用目的の変更の制限が及ばず，漏えい等報告，開示や利用停止等の個人の各種請求への対応等の義務が緩和される（詳細はQ41参照）。

Q31　仮名加工情報の加工基準

仮名加工情報とするための加工基準について教えてください。

A 他の情報と照合しない限り特定の個人を識別することができないようにするために，加工する情報の性質に応じて規則18条の7（31条）各号に定める加工基準を充たす必要があります。

解説

　個人情報取扱事業者は，仮名加工情報を作成するときは，他の情報と照合しない限り特定の個人を識別することができないようにするために，以下の規則18条の7（31条）各号に定める基準に従って，個人情報を加工しなければならない。

　令和3年5月14日付「令和3年度個人情報保護委員会活動方針（案）」によれば，仮名加工情報の活用事例を含む委員会事務局レポートが改定・公表されることが予定されており，これが公表されれば，実務上，参考になると思われる。

1　特定の個人を識別することができる記述等の削除（規則18条の7（31条）1号）

　特定の個人を識別できる記述等から全部またはその一部を削除するあるいは他の記述等に置き換えることによって，特定の個人を識別することができないよう加工しなければならない。

　なお，他の記述等に置き換える場合は，元の記述等を復元できる規則性を有しない方法でなければならない。例えば，生年月日の情報を生年の情報に置き換える場合のように，元の記述等をより抽象的な記述に置き換え

ることも考えられる。

　想定される加工の事例としては，①会員ID，氏名，年齢，性別，サービス利用履歴が含まれる個人情報を加工する場合に氏名を削除することや，②氏名，住所，生年月日が含まれる個人情報を加工する場合に，１）氏名を削除し，２）住所を削除しまたは，○○県△△市に置き換え，３）生年月日を削除し，または，日を削除し，生年月に置き換えることが挙げられる[7]。

2　個人識別符号の削除（規則18条の7（31条）2号）

　加工対象となる個人情報が，個人識別符号を含む情報であるときは，当該個人識別符号単体で特定の個人を識別できるため，当該個人識別符号の全部を削除または他の記述等へ置き換えて，特定の個人を識別できないようにしなければならない。なお，他の記述等に置き換える場合は，元の記述等を復元できる規則性を有しない方法による必要がある[8]。

3　不正に利用されることにより財産的被害が生じるおそれのある記述等 の削除（規則18条の7（31条）3号）

　一般的にみて，不正に利用されることにより個人の財産的被害が生じるおそれが類型的に高い記述等については，それが漏えいした場合に個人の権利利益の侵害が生じる蓋然性が相対的に高いと考えられる。そのため，仮名加工情報を作成するにあたっては，当該記述等について削除または他の記述等への置き換えを行わなければならない。なお，他の記述等に置き換える場合は，元の記述等を復元できる規則性を有しない方法による必要がある。

　想定される加工の事例としては，①クレジットカード番号を削除するこ

7　ガイドライン仮名・匿名加工情報編2－2－2－1－1。
8　ガイドライン仮名・匿名加工情報編2－2－2－1－2。

とや，②送金や決済機能のあるウェブサービスのログインID・パスワードを削除することが挙げられる[9]。

9　ガイドライン仮名・匿名加工情報編2－2－2－1－3。

Q32　仮名加工情報取扱事業者

仮名加工情報取扱事業者とはどのような事業者ですか。

A 仮名加工情報データベース等を事業の用に供している者です。

解説

1　仮名加工情報取扱事業者とは

仮名加工情報取扱事業者とは，仮名加工情報を含む情報の集合物であって，特定の仮名加工情報を電子計算機を用いて検索することができるように体系的に構築したもの，その他特定の仮名加工情報を容易に検索することができるように体系的に構成したものとして政令で定めるもの（仮名加工情報データベース等）を事業の用に供している者をいう（法2条10項（16条5項））。このとおり，仮名加工情報取扱事業者とは，仮名加工情報データベース等を事業の用に供しているものである。ここでいう「事業の用に供している」の「事業」とは，一定の目的をもって反復継続して遂行される同種の行為であって，かつ社会通念上事業と認められるものをいい，営利・非営利の別は問わない[10]。なお，法人格のない，権利能力のない社団（任意団体）または個人であっても，仮名加工情報データベース等を事業の用に供している場合は，仮名加工情報取扱事業者に該当する。

仮名加工情報データベースには，①特定の仮名加工情報をコンピュータを用いて検索することができるように体系的に構築したものと，②その他特定の仮名加工情報を容易に検索することができるように体系的に構成したものとして政令で定めるもの，の2種類がある。後者は，施行令5

10　ガイドライン仮名・匿名加工情報編2−1−2。

条（6条）で「これに含まれる仮名加工情報を一定の規則に従って整理することにより特定の仮名加工情報を容易に検索することができるように体系的に構成した情報の集合物であって，目次，索引その他検索を容易にするためのものを有するものをいう」と定められている。したがって，個人情報データベース等と同様，コンピュータを用いていない場合であっても，紙媒体の仮名加工情報を一定の規則に従って整理・分類し，特定の仮名加工情報を容易に検索することができるよう，目次，索引，符号等を付し，他人によっても容易に検索可能な状態に置いているものも該当する。

2　散在情報である仮名加工情報の取扱い

　仮名加工情報に関する義務を定めた法35条の2（41条）および法案35条の3（42条）では，仮名加工情報データベース等を構成する仮名加工情報に限って規制を定めているため，いわゆる散在情報である仮名加工情報については，これらの条文は適用されず，義務はかからない。

Q33 仮名加工情報は個人情報か？

仮名加工情報は，個人情報なのですか，それとも非個人情報なのですか。

 A 仮名加工情報には個人情報である仮名加工情報と個人情報ではない仮名加工情報の２種類があります。

解説⋯⋯⋯⋯⋯⋯⋯⋯⋯⋯⋯⋯⋯⋯⋯⋯⋯⋯⋯⋯⋯⋯⋯⋯⋯⋯⋯⋯⋯⋯⋯⋯⋯⋯⋯⋯

1 個人情報である仮名加工情報

「仮名加工情報」とは，一定の安全性を確保しつつ，イノベーションを促進する観点から，他の情報と照合しない限り特定の個人を識別することができないように加工された個人情報の類型として導入されたものである[11]（法２条９項（５項））。

仮名加工情報を作成するときは，規則18条の７（31条）各号に定める具体的な加工基準に従って個人情報を適切に加工する必要がある（法35条の２（41条）１項）。これは，仮名加工情報を作成した個人情報取扱事業者において，作成に用いられた個人情報や当該個人情報から削除された記述等と容易に照合して，特定の個人を識別することができる程度（容易照合性のある余地を残す）の加工で足りる。そのため，容易照合性のある仮名加工情報は個人情報に該当する。

個人情報である仮名加工情報は，個人情報である以上，個人情報保護法上の個人情報に関する規律の適用を受けるから，当該仮名加工情報の取扱いにあたっては，仮名加工情報の特則規定（法35条の２（41条）３項ない

---

11 大綱22頁。

し9項）に加え，個人情報取扱事業者としての法第4章第1節（15条（17条）から35条（40条））に規定する個人情報取扱事業者等の義務も課される。ただし，仮名加工情報については，15条（17条）2項，22条の2（26条）および27条（32条）から34条（39条）までの規定は，適用が除外される。

2　個人情報でない仮名加工情報

　加工した結果，容易照合性もなく，特定の個人を識別できない仮名加工情報は個人情報ではない[12]。改正法では，このような個人情報でない仮名加工情報に対する規制を用意している（法35条の3（42条）1項）。個人情報でない仮名加工情報に該当するのは，例えば以下の①②の場合である。

①　事業者が仮名加工情報作成後に仮名加工情報の元となった個人情報を消去する等して，容易照合性がなくなる場合
②　仮名加工情報は第三者提供が禁止されているが，仮名加工情報を委託に伴って委託先に提供することは許容されており（法35条の2（41条）6項第2文），このように委託先に仮名加工情報が提供され，委託先にとっては個人情報でない仮名加工情報になるような場合

　容易照合性は，事業者の実態に即して個々の事例ごとに相対的に判断されるものであるから，同じ仮名加工情報であっても，ある事業者にとっては容易照合性がなく個人情報に該当しないことがあり得るのである。

3　仮名加工情報と統計情報

　仮名加工情報は「個人に関する情報」であるという点で統計情報と区別

12　したがって，法第4章第1節に規定する個人情報取扱事業者等の義務は適用されない。

することができる。

Q34 仮名加工情報と匿名加工情報

仮名加工情報と匿名加工情報の違いは何ですか。

A 匿名加工情報は加工した後は個人情報ではない必要がある一方で，仮名加工情報は，加工の元となった個人情報（いわゆる元データ）や当該個人情報取扱事業者が保有するその他の個人情報と容易照合性のある個人情報であり続けることが可能です。

解説

1 仮名加工情報の定義

仮名加工情報は，以下のとおり定義されている（法2条9項（5項））。

> 次の各号に掲げる個人情報の区分に応じて当該各号に定める措置を講じて他の情報と照合しない限り特定の個人を識別することができないように個人情報を加工して得られる個人に関する情報をいう。
> ① 第1項第1号に該当する個人情報
> 当該個人情報に含まれる記述等の一部を削除すること（当該一部の記述等を復元することのできる規則性を有しない方法により他の記述等に置き換えることを含む）
> ② 第1項第2号に該当する個人情報（個人識別符号が含まれるもの）
> 当該個人情報に含まれる個人識別符号の全部を削除すること（当該個人識別符号を復元することのできる規則性を有しない方法により他の記述等に置き換えることを含む）

2 仮名加工情報と匿名加工情報の違い

匿名加工情報（法2条11項（6項））との違いは，①匿名加工情報は，「当該個人情報を復元することができないようにしたもの」という要件が課さ

れているのに対して，仮名加工情報ではかかる要件は課されないこと，および②仮名加工情報は「他の情報と照合しない限り」特定の個人を識別することができないという要件であるのに対し，匿名加工情報は特定の個人を識別することができないことが要件とされ，「他の情報と照合しない限り」は要件にされていないことである。

　上記①から，仮名加工情報は匿名加工情報と異なり，復元可能性があっても，仮名加工情報としての要件を充たす。また，上記②から，匿名加工情報は識別可能性だけでなく，容易照合性も認められないように加工することが求められるが，仮名加工情報では識別可能性をなくせば足り，容易照合性が認められる状態が許容される。

　このような違いから，匿名加工情報は本人か一切わからない程度まで加工[13]することで個人情報に該当しない必要がある一方で，仮名加工情報は，加工の元となった個人情報（いわゆる元データ）や当該個人情報取扱事業者が保有するその他の個人情報と容易照合性のある個人情報であり続けることが可能である。

　なお，例えば，氏名等を仮IDに置き換える形で，匿名加工情報を作成した場合において，氏名等と仮IDの対応表は，匿名加工情報と容易に照合することができ，それにより匿名加工情報の作成の元となった個人情報の本人を識別することができるものであることから，匿名加工情報の作成後は破棄しなければならない。また，匿名加工情報を作成した個人情報取扱事業者が，氏名等の仮IDへの置き換えに用いた置き換えアルゴリズムと乱数等のパラメータの組み合わせを保有している場合には，当該置き換えアルゴリズムおよび当該乱数等のパラメータを用いて再度同じ置き換えを行うことによって，匿名加工情報とその作成の元となった個人情報とを容易に照合でき，それにより匿名加工情報の作成の元となった個人情報の

13　一問一答14頁。

本人を識別することができることから，匿名加工情報の作成後は，氏名等の仮IDへの置き換えに用いた乱数等のパラメータを破棄しなければならない[14]。一方で，仮名加工情報を作成した場合には，そのような対応表や氏名等を仮IDに置き換えた場合における置き換えアルゴリズムに用いられる乱数等のパラメータも安全管理措置を講じた上で保有し続けることも可能である。

　個人情報保護法上の仮名加工情報および匿名加工情報の規制は類似する点もあり，その概要は以下のとおりである。

【仮名加工情報と匿名加工情報の異同】

	個人情報である仮名加工情報	個人情報でない仮名加工情報	匿名加工情報
容易照合性	○	×	×
適正加工義務	○ （法35条の2（41条）1項・規則18条の7（31条））	○ （法35条の2（41条）1項・規則18条の7（31条））	○ （法36条（43条）1項・規則19条（34条）各号）
作成時の公表義務	利用目的の公表 （法35条の2（41条）4項） ※作成に用いた個人情報の利用目的とは異なる目的で利用する場合のみ	なし	個人に関する情報の項目の公表 （法36条（43条）3項）
利用目的の公表	必要	不要	不要
利用目的の変更	規制なし （法35条の2（41条）9項）	規制なし	規制なし

14　ガイドライン仮名・匿名加工情報編3－2－3－1。

安全管理措置	仮名加工情報については法20条（23条），削除情報等については法35条の2（41条）2項により法的義務	仮名加工情報については法35条の3（42条）3項・法20条（23条），削除情報等については法35条の2（41条）2項により法的義務	匿名加工情報は努力義務（法36条（43条）6項，39条（46条））加工方法等情報は法的義務（法36条（43条）2項）
消去義務	努力義務（法35条の2（41条）5項）	規制なし	規制なし
第三者提供	不可 （法35条の2（41条）6項）	不可 （法35条の3（42条）1項）	可能 （法36条（43条）4項，法37条（44条））
識別行為	禁止 （法35条の2（41条）7項）	識別行為に加え削除情報等の取得も禁止 （法35条の3（42条）3項）	識別行為に加え加工方法等情報の取得も禁止 （法36条（43条）5項，法38条（45条））
漏えい時の報告・本人通知	不要 （法35条の2（41条）9項）	不要	不要
本人からの開示等請求対応	不要 （法35条の2（41条）9項）	不要	不要
その他の利用に関する規律	本人への連絡の禁止（法35条の2（41条）8項） 利用目的達成時の消去（努力義務。法35条の2（41条）5項） 苦情処理（努力義務。法35条（40条））	本人への連絡の禁止（法35条の3（42条）3項） 苦情処理（努力義務。法35条の3（42条）3項）	苦情処理（努力義務。法36条（43条）6項）

Q35　仮名加工情報制度は規制緩和か？

仮名加工情報制度は規制緩和のために導入されたものと理解してよいでしょうか。

 A　仮名加工情報であることにより規制緩和となる一面がある一方で，個人情報ではない仮名加工情報については規制強化の一面もあります。

解説

1　規制緩和としての仮名加工情報

仮名加工情報は，個人情報を仮名加工していることを根拠に，一部の義務が緩められることになり，その観点では，規制緩和となる。具体的には，個人情報である仮名加工情報は，個人情報であることから本来は特定した利用目的の範囲内に利用が制限されるはずが，特則として新たに特定した利用目的の範囲で利用することができる（詳細はQ41参照）。

2　規制強化としての仮名加工情報

一方，条文上は，このような個人情報である仮名加工情報のほかに，個人情報でない仮名加工情報も存在し，第三者提供が禁止される等の規制がある（法35条の3（42条）1項）。個人情報でない仮名加工情報は，例えば，事業者が，仮名加工情報作成後に，元データを消去する等して容易照合性がなくなる場合に生まれる。このように，一度仮名加工情報として作成された以上は，その後容易照合性がなくなっても，仮名加工情報の規制が課されることになる[15]。また，仮名加工情報は第三者提供が禁止されているが，仮名加工情報を委託先に提供することは許容されており（Q39参照），

このように委託先に仮名加工情報が提供された場合，委託先にとっては，個人情報ではない仮名加工情報になるというような場合も考えられる。

　このような個人情報でない仮名加工情報については，本来，個人情報でない以上，個人情報保護法の規制を受けないはずである。しかし，個人情報ではない情報について仮名加工情報であることで明文上，規制が課されることになる点で，規制強化であるとも評価できる。

15　これに対して，最初から，容易照合性を含めた識別可能性のない個人に関する情報を作成する意思であり，その中間的な過程で仮名化処理が行われたような場合には，個人情報保護法の適用を受けない非個人情報として扱うことも可能であると考えられる（本書Q30の4参照）。

Q36 個人情報取扱事業者の仮名加工情報作成上の義務

個人情報取扱事業者が仮名加工情報を作成するとき，および作成したときは，どのような義務がありますか。

 A 個人情報取扱事業者は，仮名加工情報を作成するときは適正加工義務を負い，作成後は，安全管理措置を講ずる義務があります。

解説

個人情報取扱事業者が仮名加工情報を作成するときの義務については，法35条の2（41条）が定めている。

1 適正加工義務（法35条の2（41条）1項，規則18条の7（31条））

個人情報取扱事業者は，仮名加工情報を作成するときは，個人情報保護委員会規則で定められる基準に従って，個人情報を適正に加工しなければならない。この「仮名加工情報を作成するとき」とは，仮名加工情報として取り扱うために，当該仮名加工情報を作成するときのことを指す[16]。例えば，安全管理措置の一環として氏名等の一部の個人情報を削除（または他の記述等に置き換え）した上で引き続き個人情報として取り扱う場合，あるいは匿名加工情報または統計情報を作成するために個人情報を加工する場合等については，仮名加工情報を「作成するとき」には該当しない。加工基準の詳細については，Q31参照。

---

16 Q30の4参照。

2　削除情報等の安全管理措置[17]（法35条の2（41条）2項，規則18条の8（32条））

　個人情報取扱事業者は，仮名加工情報を作成したときは，個人情報保護委員会規則で定められる基準に従って，削除情報等の漏えいを防止するため，安全管理措置を講じなければならない。削除情報等とは，仮名加工情報の作成に用いられた個人情報から削除された記述等および個人識別符号ならびに個人情報から仮名加工情報への加工の方法に関する情報をいう。この仮名加工情報および当該仮名加工情報に係る削除情報等は，仮名加工情報の作成者以外が取得する可能性があるが，これらを取得した場合にも同様に安全管理措置を講じる義務がある。安全管理措置の内容は，対象となる削除情報等が漏えいした場合における個人の権利利益の侵害リスクの大きさを考慮し，当該削除情報等の量，性質等に応じた内容としなければならない。

　規則において，安全管理措置の対象となる削除情報等のうち，法35条の2（41条）1項の規定により行われた加工の方法に関する情報にあっては，その情報を用いて仮名加工情報の作成に用いられた個人情報を復元することができるものに限るとされている。これには，例えば，氏名等を仮IDに置き換えた場合における置き換えアルゴリズムに用いられる乱数等のパラメータまたは氏名と仮IDの対応表等のような加工の方法に関する情報が該当し，「氏名を削除した」というような復元につながらない情報は該当しない[18]。

　氏名と仮IDの対応表等のように削除情報等が個人データに該当する場合において，当該削除情報等について漏えい，滅失または毀損（以下本Q

17　法35条の2（41条）2項は削除情報等の安全管理措置義務を定めるものであり，仮名加工情報の安全管理措置義務は別の条文が根拠となる（個人情報である仮名加工情報については法20条（23条），個人情報でない仮名加工情報については法35条の2（41条）2項）。

18　ガイドライン仮名・匿名加工情報編2−2−2−2（※1）。

で「漏えい等」という）が発生し，それが法22条の2（26条）の要件を充たす場合には，同条に基づく報告や本人通知が必要となる。また，個別の事例ごとに判断する必要があるが，例えば，氏名と仮IDの対応表等の削除情報等が漏えい等した場合には，削除情報等の安全管理措置を講ずる義務（法35条の2（41条）2項）や仮名加工情報である個人データの安全管理措置を講ずる義務（法20条（23条））の履行の観点から，原則として，当該仮名加工情報に含まれる仮IDを振り直すこと等により仮名加工情報を新たに作り直す等の措置を講じることが必要となる[19]。

削除情報等の安全管理で求められる措置の具体例は下表のとおりである[20]。

講じなければならない措置	具体例
①削除情報等を取り扱う者の権限および責任の明確化（規則18条の8（32条）1号）	・削除情報等の安全管理措置を講ずるための組織体制の整備
②削除情報等の取扱いに関する規程類の整備および当該規程類に従った削除情報等の適切な取扱いならびに削除情報等の取扱状況の評価およびその結果に基づき改善を図るために必要な措置の実施（規則18条の8（32条）2号）	・削除情報等の取扱いに係る規程等の整備とこれに従った運用 ・従業者の教育 ・削除情報等の取扱状況を確認する手段の整備 ・削除情報等の取扱状況の把握，安全管理措置の評価，見直しおよび改善
③削除情報等を取り扱う正当な権限を有しない者による削除情報等の取扱いを防止するために必要かつ適切な措置の実施（規則18条の8（32条）3号）	・削除情報等を取り扱う権限を有しない者による閲覧等の防止 ・機器，電子媒体等の盗難等の防止 ・電子媒体等を持ち運ぶ場合の漏えいの防止 ・削除情報等の削除ならびに機器，電子媒体等の廃棄

19　ガイドライン仮名・匿名加工情報編2-2-2-2（※2）。
20　ガイドライン仮名・匿名加工情報編2-2-2-2の別表1。

	・削除情報等へのアクセス制御
	・削除情報等へのアクセス者の識別と認証
	・外部からの不正アクセス等の防止
	・情報システムの使用に伴う削除情報等の漏えいの防止

3　仮名加工情報の取扱いに関する仮名加工情報取扱事業者の義務

　仮名加工情報を作成した後，その取扱いに関する仮名加工情報取扱事業者の義務は，当該仮名加工情報が個人情報であるか否かによって，適用される条文が異なる（Q37，Q38参照）。

Q37 仮名加工情報取扱事業者の義務①

個人情報である仮名加工情報を取り扱う際の仮名加工情報取扱事業者の義務を教えてください。

A 個人情報である仮名加工情報を取り扱う際の仮名加工情報取扱事業者の義務については，法35条の２（41条）が定めています。

解説..

個人情報である仮名加工情報を取り扱う際の仮名加工情報取扱事業者の義務については，法35条の２（41条）が定めている。また，個人情報であることから法20条（23条）が適用されるほか，不適正利用の禁止（法16条の２（19条）），適正取得（法17条（20条）１項），従業者の監督（法21条（24条）），委託先の監督（法22条（25条）），苦情処理（法35条（40条））等が適用される。

1 個人情報である仮名加工情報の安全管理措置（法20条（23条））

仮名加工情報データベースを構成する個人情報である仮名加工情報は個人データであることから，その漏えい，滅失または毀損の防止その他の個人データの安全管理のために必要かつ適切な措置を講じなければならない（法20条（23条））。

なお，仮名加工情報には識別行為の禁止義務や本人への連絡等の禁止義務が課されていることから，仮名加工情報を取り扱うにあたっては，それを取り扱う者が不適正な取扱いをすることがないよう，仮名加工情報に該当することを明確に認識できるようにしておくことが重要である。そのため，仮名加工情報を取り扱う者にとってその情報が仮名加工情報である旨

が一見して明らかな状態にしておくことが望ましい[21]。なお，削除情報等の安全管理措置については，別途法35条の2（41条）2項が適用される（Q36）。

2 仮名加工情報としての利用目的の制限（法35条の2（41条）3項）

仮名加工情報取扱事業者は，法16条（18条）の規定にかかわらず，法令に基づく場合のほか，法15条（17条）1項の規定により特定された利用目的[22]の範囲を超えて仮名加工情報を取り扱ってはならない。すなわち，個人情報である仮名加工情報は，個人情報である以上，取り扱うに際しては，法15条（17条）1項に基づいてその利用目的をできる限り特定しなければならず，その特定した利用目的の範囲内で取り扱う必要がある。その一方で，利用目的による制限を定めている「16条（18条）の規定にかかわらず」と規定した上で（法35条の2（41条）3項），さらに仮名加工情報である個人データについては，利用目的の変更の制限に関する法15条（17条）2項が適用されないことから（法35条の2（41条）9項），一度利用目的を特定した後でも，本人の同意を得ることなく，変更前の利用目的と関連性を有すると合理的に認められる範囲を超える利用目的の変更ができる。なお，利用目的を変更した場合には，原則として変更後の利用目的を公表しなければならない（下記3参照）。

3 利用目的の公表（改正法35条の2（41条）4項）

仮名加工情報取扱事業者は，個人情報である仮名加工情報を取得した場合には，あらかじめその利用目的を公表している場合を除き，速やかに，

21　ガイドライン仮名・匿名加工情報編2－2－3－7(3)。

22　個人情報取扱事業者が仮名加工情報を作成したときは，作成の元となった個人情報に関して15条（17条）1項の規定により特定された利用目的が，当該仮名加工情報の利用目的としても引き継がれる。

その利用目的を公表しなければならない。この利用目的の公表義務に関し，個人情報取扱事業者が個人情報を加工して仮名加工情報を作成した場合，匿名加工情報のように直ちに公表義務が課されるわけではない。すなわち，個人情報取扱事業者が，自らが保有する個人情報の一部を削除する等の加工を行ったにすぎない場合は，ここでいう個人情報の「取得」には該当しない。そのため，個人情報取扱事業者が，自らが保有する個人情報を加工して仮名加工情報を作成した場合には，当該仮名加工情報が個人情報に当たる場合でも，ここでいう個人情報である仮名加工情報の「取得」には該当しない[23]。

これに対し，例えば，仮名加工情報を作成した個人情報取扱事業者が，当該仮名加工情報および当該仮名加工情報に係る削除情報等を，事業の承継に伴い他の事業者に提供した場合，当該他の事業者にとって，当該仮名加工情報は，通常，当該削除情報等と容易に照合でき，それによって特定の個人を識別できる情報に該当するため，個人情報に該当する。この場合には，当該他の事業者が事業の承継に伴い当該仮名加工情報の提供を受けることは，ここでいう個人情報である仮名加工情報の「取得」に該当する[24]。

また，利用目的の変更を行った場合には，変更後の利用目的を公表しなければならない（法35条の2（41条）4項，18条（21条）4項）。法18条（21条）4項に定める以下の例外的場合に該当すれば，個人情報である仮名加工情報の取得時，および個人情報である仮名加工情報の利用目的の変更時における利用目的の公表は不要である。

(1) 利用目的を公表することにより本人または第三者の生命，身体，財産その他の権利利益を害するおそれがある場合

23　ガイドライン仮名・匿名加工情報編2－2－3－1－2（※）。
24　上掲注23と同じ。

⑵　利用目的を公表することにより当該個人情報取扱事業者の権利または正
　当な利益を害するおそれがある場合

⑶　国の機関または地方公共団体が法令の定める事務を遂行することに対し
　て協力する必要がある場合であって，利用目的を公表することにより当該
　事務の遂行に支障を及ぼすおそれがあるとき

⑷　取得の状況からみて利用目的が明らかであると認められる場合

　なお，仮名加工情報への加工を行うこと自体を個人情報の利用目的とし
て特定する必要はない[25]。

4　消去努力義務（法35条の2（41条）5項）

　仮名加工情報取扱事業者は，仮名加工情報である個人データおよび削除
情報等を利用する必要がなくなったときは，これらを消去する努力義務が
ある。例えば，利用目的が達成され当該目的との関係では当該仮名加工情
報である個人データを保有する合理的な理由が存在しなくなった場合や，
利用目的が達成されなかったものの当該目的の前提となる事業自体が中止
となり，当該事業の再開の見込みもない場合等がこれに該当する[26]。

5　第三者提供の禁止等（法35条の2（41条）6項）

　仮名加工情報取扱事業者は，個人データの第三者提供の制限について規
定した法23条（27条）1項および2項ならびに外国にある第三者への提供
制限について規定した法24条（28条）1項の規定にかかわらず，法令に基
づく場合を除くほか，仮名加工情報である個人データを第三者に提供して
はならない（法35条の2（41条）6項第1文）。ただし，個人データの第三
者提供の制限と同様に，委託，事業の承継および共同利用により仮名加工

25　委員会Q&A14-9。
26　ガイドライン仮名・匿名加工情報編2-2-3-2。

情報である個人データを提供することは可能である（同項第2文）。詳細はQ39を参照されたい。

6　識別行為の禁止[27]（法35条の2（41条）7項）

仮名加工情報取扱事業者は，仮名加工情報を取り扱うにあたっては，当該仮名加工情報の作成に用いられた個人情報に係る本人を識別するために，当該仮名加工情報を他の情報と照合してはならない。詳細はQ40を参照されたい。

7　連絡先等の利用の禁止[28]（法35条の2（41条）8項）

仮名加工情報取扱事業者は，電話，郵便もしくは信書便により送付し，電報を送達し，ファクシミリ装置もしくは電磁的方法（電子情報処理組織を使用する方法その他の情報通信の技術を利用する方法であって個人情報保護委員会規則で定めるもの[29]）を用いて送信し，または住居を訪問するために，当該仮名加工情報に含まれる連絡先その他の情報を利用してはならない（法35条の2（41条）8項）。

仮名加工情報については，本人を識別するために他の情報と照合することを禁止しているが，例えば，当該仮名加工情報にメールアドレス等が含まれる場合，本人が識別されることのないまま，本人の意思に反したダイレクトメールが送られるなど，本人の不利益となるおそれがある。また，仮名加工情報に位置情報が含まれる場合に，当該本人の住居等が特定され，

27　ガイドライン仮名・匿名加工情報編2－2－3－4。

28　ガイドライン仮名・匿名加工情報編2－2－3－5。

29　電磁的方法としては，以下の方法が規定されている（規則18条の9（33条））。

　⑴　ショートメールを送信する方法（他人に委託して行う場合を含む）

　⑵　電子メールを送信する方法（他人に委託して行う場合を含む）

　⑶　電子メールを送信する方法のほか，受信する者を特定した上で情報を伝達するために用いられる電気通信を送信する方法（他人に委託して行う場合を含む）

本人の意思に反して，当該住居等に勧誘等を目的とした訪問が行われることにより，本人の不利益となることがある[30]。そのため，連絡先等の情報をダイレクトマーケティングや連絡の手段として用いられる危険性があることから，その行為を規制するものである。

　例えば，いわゆるSNS（ソーシャル・ネットワーキング・サービス）のメッセージ機能によりメッセージを送信する方法や，Cookie IDを用いて受信する者を特定した上で，当該受信者に対して固有の内容のインターネット広告を表示する方法も規制対象となる（規則18条の9（33条）3号）[31]が，仮名加工情報をあえてこのような目的で利用する必要はないのであり，実務上，特段問題が生じることはないと考えられる。

8　適用除外（法35条の2（41条）9項）

　仮名加工情報，仮名加工情報である個人データおよび仮名加工情報である保有個人データについては，利用目的の変更の制限，漏えい等の報告義務および保有個人データの開示等の請求への対応義務が免除されている。

30　一問一答26頁。

31　委員会Q&A14-19。仮名加工情報を用いて分析を行い，統計情報を作成した上で，当該統計情報により得られた傾向等を踏まえて，当該仮名加工情報の作成の元となった個人情報を用いて広告配信を行うことは可能である。ただし，広告配信を行うことが，加工前の個人情報について特定された利用目的の範囲内である必要がある。利用目的の達成に必要な範囲を超える利用は，原則として事前に本人の同意が必要となる（法16条（18条）1項・3項）（委員会Q&A14-20）。

Q38 仮名加工情報取扱事業者の義務②

　個人情報でない仮名加工情報を取り扱う際の仮名加工情報取扱事業者の義務を教えてください。

A 　個人情報でない仮名加工情報を取り扱う際の仮名加工情報取扱事業者の義務については,法35条の3(42条)が定めています。

解説……………………………………………………………………………

1　個人情報でない仮名加工情報

　個人情報でない仮名加工情報については，個人情報ではないにもかかわらず，規制が及ぶ。個人情報でない仮名加工情報は，例えば，事業者が仮名加工情報作成後に元データを消去する等して，容易照合性がなくなる場合に生まれる。また，仮名加工情報は第三者提供が禁止されているが，例外的に，法令に基づく場合や，委託等により提供される場合には，仮名加工情報の提供が認められる（Q39参照）。委託先に仮名加工情報が提供された場合，委託先において，当該仮名加工情報が他の情報と「容易に照合」することにより特定の個人を識別することができない状態になっている場合には，「個人情報ではない仮名加工情報」となる。ただし，仮名加工情報作成後に元データを消去する場合，匿名加工情報に関する規制についての解釈と同様，個人情報を加工する際に仮名加工情報を作成する意図が個人情報取扱事業者にないような場合には，仮名加工情報に関する規制が及ぶものではなく，非個人情報としての形式をなしている限りは個人情報保護法の規制を受けるものではないと考えられる。

2　第三者提供の制限（法35条の3（42条）1項・2項）

　個人情報でない仮名加工情報についても，法令に基づく場合を除き，第三者提供は禁止されている。ただし，法23条（27条）5項で「第三者」に当たらない者への提供は制限されていないから（法35条の3（42条）2項），個人データの第三者提供の制限と同様，委託，事業の承継および共同利用の手段により提供することは可能である。

3　その他の規定の準用（法35条の3（42条）3項）

　個人情報でない仮名加工情報についても，下記の各条項が準用される。

・安全管理措置（法20条（23条））[32]
・従業者の監督（法21条（24条））
・委託先の監督（法22条（25条））
・個人情報取扱事業者による苦情の処理（法35条（40条））
・識別行為の禁止（法35条の2（41条）7項）
・電話，郵便，送信，訪問目的での利用禁止（法35条の2（41条）8項）

　安全管理措置に関して，仮名加工情報には識別行為の禁止義務や本人への連絡等の禁止義務が課されていることから，仮名加工情報を取り扱うにあたっては，それを取り扱う者が不適正な取扱いをすることがないよう，仮名加工情報に該当することを明確に認識できるようにしておくことが重要である。そのため，仮名加工情報を取り扱う者にとってその情報が仮名

32　個人情報でない仮名加工情報の安全管理措置は法35条の3（42条）3項および法20条（23条）が根拠となるが，削除情報等の安全管理措置については法35条の2（41条）2項が根拠となる。仮名加工情報取扱事業者は，当該仮名加工情報の作成に用いられた個人情報に係る本人を識別するために，削除情報等を取得することも禁止されていることから（法35条の3（42条）3項），法35条の2（41条）2項が適用されるのは，自ら仮名加工情報を作成した事業者や，事業の承継により仮名加工情報と一緒に削除情報等の提供を受けた事業者等が想定されると思われる。

加工情報である旨が一見して明らかな状態にしておくことが望ましい[33]。

33　ガイドライン仮名・匿名加工情報編２－２－４－２。

Q39　仮名加工情報の提供

仮名加工情報は匿名加工情報のように本人の同意なく第三者に提供することや，オプトアウト手続により第三者に提供することはできますか。

A 仮名加工情報を本人の同意なく第三者に提供することやオプトアウト手続により第三者に提供することはできません。

解説‥‥‥‥‥‥‥‥‥‥‥‥‥‥‥‥‥‥‥‥‥‥‥‥‥‥‥‥‥‥‥‥‥‥‥‥‥

　匿名加工情報は，提供しようとする匿名加工情報に含まれる個人に関する情報の項目と提供の方法を公表するとともに，提供先となる第三者に対して，提供する情報が匿名加工情報であることを明示することで，第三者に提供することはできる（法36条（43条）4項）。

　一方で，仮名加工情報取扱事業者は，仮名加工情報が個人情報であるか否かにかかわらず，法令に基づく場合を除くほか，仮名加工情報を第三者に提供してはならない（法35条の2（41条）6項，法35条の3（42条）1項）。個人情報ではない仮名加工情報は本来自由に第三者に提供できるはずであるが，改正法ではオプトアウト手続によることも含め第三者提供を制限することとされた。また，個人情報である仮名加工情報はオプトアウト手続による第三者提供も認められず（法35条の2（41条）6項第1文），一律に第三者提供が制限された。

　ただし，個人データの第三者提供の制限と同様に，委託，事業の承継および共同利用により仮名加工情報である個人データを提供することは可能である（法35条の2（41条）6項第2文，法35条の3（42条）2項）。この場合，当該提供先は「第三者」とはみなされない[34]。これらの方法により提

供する場合の留意点は，以下のとおりである。

(1) 委　託

　委託により仮名加工情報を提供する場合，提供主体の個人情報取扱事業者である仮名加工情報取扱事業者には，法22条（25条）により，委託先に対する監督責任が課される。

　個人情報取扱事業者である仮名加工情報取扱事業者は，委託先に対する監督義務，および仮名加工情報である個人データの安全管理措置を講ずる義務（法20条（23条））の履行の観点から，委託先が提供を受けた仮名加工情報を取り扱うにあたり，法35条の2（41条）または法35条の3（42条）に違反する事態が生じることのないよう，委託先に対して，提供する情報が仮名加工情報である旨を明示しなければならない[35]。

(2) 事業の承継

　合併，分社化，事業譲渡等により事業が承継されることに伴い，当該事業に係る仮名加工情報である個人データが提供される場合は，当該提供先は第三者に該当しない。

　また，事業の承継のための契約を締結するより前の交渉段階で，相手会社から自社の調査を受け，自社の仮名加工情報である個人データを相手会社へ提供する場合も，法35条の2（41条）6項により読み替えて適用される法23条（27条）5項2号に該当し，仮名加工情報である個人データを提供することができるが，当該データの利用目的および取扱方法，漏えい等が発生した場合の措置，事業承継の交渉が不調となった場合の措置等，相

34　このいずれかの場合における仮名加工情報である個人データの提供については，確認・記録義務は課されない（法35条の2（41条）6項により読み替えて適用される法25条（29条）1項ただし書および26条（30条）1項ただし書）。

35　ガイドライン仮名・匿名加工情報編2－2－3－3⑴。

手会社に安全管理措置を遵守させるために必要な契約を締結しなければならない[36]。

(3)　共同利用

　仮名加工情報は，加工によりそれ自体では特定の個人を識別できないものとなっており，また，本人を識別する目的での利用や本人に連絡等をする目的での利用が禁止されていること（法35条の2（41条）7項および8項）等を踏まえ，利用目的の柔軟な変更が許容されている（法35条の2（41条）9項）。そのため，仮名加工情報である個人データの共同利用における利用する者の範囲や利用目的等は，作成の元となった個人情報の取得の時点において通知または公表されていた利用目的の内容や取得の経緯等にかかわらず，設定可能である。個人データの共同利用と同様に，「共同して利用される仮名加工情報である個人データの項目」および「共同して利用する者の範囲」について変更することは，原則として認められない。ただし，提供にあたりあらかじめ法35条の2（41条）6項において読み替えて適用される法23条（27条）5項3号に定める事項を公表した上で，新たな共同利用を行うことは妨げられない[37]。

(4)　外国にある第三者への提供

　法令に基づく場合，ならびに法35条の2（41条）6項により読み替えて適用される法23条（27条）5項各号に基づく場合および法35条の3（42条）2項により読み替えて準用される法23条（27条）5項各号に基づく場合には，仮名加工情報を外国にある第三者に提供することが可能である。この場合，法24条（28条）の適用はないが，仮名加工情報の取扱いの全部または一部の委託に伴い仮名加工情報を提供する場合は，提供元の事業

36　ガイドライン仮名・匿名加工情報編2-2-3-3(2)。
37　ガイドライン仮名・匿名加工情報編2-2-3-3(3)。

者は，提供先の第三者に対する監督義務を負う（法22条（25条），法35条の
3（42条）3項により準用される法22条（25条））。また，提供先の第三者が，
国内にある者に対する物品または役務の提供に関連して，仮名加工情報を
取り扱う場合は，提供先の第三者は，域外適用（法75条（166条））の対象
となり得る[38]。

　なお，仮名加工情報を作成した個人情報取扱事業者においては，一般的
に当該仮名加工情報の作成に用いた個人情報を保有していることが考えら
れる。そうした作成に用いられた個人情報や，当該個人情報の氏名等を削
除することにより，「仮名化」したデータを，仮名加工情報には該当しな
い通常の個人データとして，法23条（27条）の規定により本人の同意を得
ること等によって，第三者に提供することは可能である[39]。

38　政令・規則パブコメ479。

39　一問一答24頁。

Q40 仮名加工情報を作成の元になった
個人情報に戻すことの可否

　仮名加工情報を作成の元になった個人情報に戻すことは認められて
いますか。

A 　仮名加工情報を作成の元になった個人情報に戻すことは認めら
　　れていません。

解説

1　識別行為の禁止義務

　仮名加工情報取扱事業者は，仮名加工情報を取り扱うにあたっては，本
人を識別するために，仮名加工情報を他の情報と照合することが禁止され
ている。具体的には，個人情報である仮名加工情報の仮名加工情報取扱事
業者は，本人を識別するために仮名加工情報と他の情報を照合すること
（法35条の2（41条）7項）が，個人情報ではない仮名加工情報の仮名加工
情報取扱事業者は，本人を識別するための照合に加えて，その仮名加工情
報の削除情報等を取得すること（法35条の3（42条）3項）が，それぞれ
禁止されている。

　「他の情報」に限定はなく，本人を識別する目的をもって行う行為であ
れば，個人情報，個人関連情報，仮名加工情報および匿名加工情報を含む
情報全般と照合する行為が禁止される。また，具体的にどのような技術ま
たは手法を用いて照合するかは問わない[40]。

　このように仮名加工情報を作成の元となった個人情報に戻すことは認め

40　ガイドライン仮名・匿名加工情報編2-2-3-4。

られていない。この規制は匿名加工情報と同様である（法36条（43条）5項，法38条（45条））。この趣旨は，仮名加工情報は，他の情報との照合により特定の個人を識別しないことが確保される限り，本人と紐付いて利用されることなく，個人の権利利益が侵害されるリスクが相当程度低下するため，開示等の請求に対応する義務等，個人情報の取扱いに係る義務の一部を緩和することとしていることから，仮名加工情報の利用に関して，本人を識別するために，他の情報と照合する識別行為を禁止することで，その利用範囲を限定する必要があると説明されている[41]。

仮名加工情報を作成した個人情報取扱事業者において，その作成に用いた個人情報や，個人情報との対応表を保有することは許容されるが，識別行為の禁止義務があることから，本人を識別するために仮名加工情報をそうした情報と照合することはできないことになる。

2　識別行為の例

識別行為に当たらない取扱いの事例としては，①複数の仮名加工情報を組み合わせて統計情報を作成することや，②仮名加工情報を個人と関係のない情報（例：気象情報，交通情報，金融商品等の取引高）とともに傾向を統計的に分析することがある。他方，識別行為に当たる取扱いの事例としては，①保有する個人情報と仮名加工情報について，共通する記述等を選別してこれらを照合すること，②仮名加工情報を，当該仮名加工情報の作成の元となった個人情報と照合することがある[42]。

委託により仮名加工情報を取り扱っていたところ，偶然に当該仮名加工情報の作成の元となった個人情報の本人を識別してしまった場合については，仮名加工情報の作成の元となった個人情報の本人を識別するために他の情報と照合しているとはいえない場合は，直ちに識別行為の禁止義務に

41　一問一答25頁。

42　前掲注40と同じ。

違反するものではないと考えられるが，再度同じような形で個人を識別することがないようにする必要があるとされている。また，取り扱う仮名加工情報に記述等を付加して特定の個人を識別する状態となった場合には，個人情報の不適正な取得となるため，当該情報を速やかに削除することが望ましいと考えられるとされる[43]。

43　委員会Q&A14-21。

Q41　仮名加工情報の活用

仮名加工情報はどのような場合に実務上活用できますか。

A 個人情報取扱事業者内部において元々の個人情報の利用目的とは異なる目的での利用が可能となることが最も重要なメリットです。漏えい等報告義務や保有個人データの権利行使への対応義務も免除されています。

解説……………………………………………………………………………………………………

1　異なる目的での利用の可能性

　個人情報である仮名加工情報は，個人情報として元々定めていた利用目的とは異なる目的でも利用することができる。

　仮名加工情報（個人情報であるもの）を作成したときは，作成の元となった個人情報に関して法15条（17条）1項の規定により特定された利用目的（当該個人情報について法15条（17条）2項に定める範囲で利用目的が変更された場合の変更後の利用目的を含む）が，当該仮名加工情報の利用目的として引き継がれる。また，仮名加工情報については，変更前の利用目的と関連性を有すると合理的に認められる範囲を超えた利用目的の変更が可能であるところ（法35条の2（41条）9項），利用目的を変更した場合には，変更後の利用目的をできる限り特定した上で，公表する必要がある（法15条（17条）1項，35条の2（41条）4項において読み替えて適用される法18条（21条）3項）[44]。

　例えば，利用目的を非常に狭く定めてしまっていた個人情報を，事業

44　委員会Q&A14-14。

者内部で当該目的外でも利活用したいような場合や，当初の利用目的に該当するか判断が難しい場合にこの制度を使うことが想定される。委員会Q&A2−5により，利用目的の特定は「個人情報」が対象であるため，個人情報に該当しない統計データは対象とならず，統計データへの加工を行うこと自体を利用目的とする必要はないとされているため，統計情報としての利用であると整理することで，仮名加工情報制度を利用する法的な必要はないというケースも多いとは考えられる。しかし，企業側としては，上記の統計情報として規制を受けないという整理に不安や疑義を感じる場合があると想定され，その場合には，念のため，仮名加工情報制度を利用するというケースがあり得るであろう。

　留意点として，個人情報である仮名加工情報については，法令に基づく場合を除き第三者提供は禁止されているため，あくまで内部での利活用（内部分析等）に限られる。これは，仮名加工情報は，あくまで事業者内部での利活用を前提に規制を緩めているためである。なお，法23条（27条）5項で「第三者」に当たらない者（委託先等）への提供は規制されていない（法35条の2（41条）6項）。詳細はQ39を参照されたい。

　内部分析を行うケースとして，データセット中の特異な値が重要とされる，医療・製薬分野における研究用データセットとして用いるケースや，不正検知等の機械学習モデルの学習用データセットとして用いるケース等が挙げられている[45]。また，利用目的を達成した個人情報について，将来的に統計分析に利用する可能性があるため，仮名加工情報として加工した上で保管するケースも想定されている[46]。

2　漏えい等の報告義務の免除

　個人情報である仮名加工情報については，個人情報であるものの，個人

---

[45]　一問一答16頁。
[46]　上掲注45と同じ。

データの漏えい等の報告等の対象外となっている（法35条の２（41条）９項で，法22条の２（26条）の適用が除外されている）。したがって，例えば，委託先に預ける個人情報を仮名加工情報に限定できる場合等においては，委託先に預けた当該情報の範囲では，漏えい等報告義務を負わないというリスク管理が可能である。ただし，仮名加工情報だけでなく，他の個人データも一緒に漏えい等した可能性が残るような場合には，漏えい等の報告義務が免除されると整理することは難しい。

　例えば，いわゆる氏名と仮IDの対応表のような，仮名加工情報に係る「削除情報等」が漏えい等した場合については，それが個人データに該当し，漏えい等の報告等の義務の対象となる要件を充たす場合には，個人情報保護委員会への漏えい等報告義務が課される（法22条の２（26条）１項）。また，同様に本人への通知義務も課される（法22条の２（26条）２項）。削除情報等が漏えい等した場合には，削除情報等の安全管理措置義務（法35条の２（41条）２項）や個人データである仮名加工情報の安全管理措置義務（法20条（23条））の履行を確保する観点から，当該仮名加工情報に含まれるIDを振り直すこと等により仮名加工情報を新たに作成し直すなどの措置を講じることが必要と考えられている[47]。

3　保有個人データについての本人の権利行使

　個人情報である仮名加工情報については，保有個人データについての本人の権利行使の対象外となっており，この点において規制が緩和されている（法35条の２（41条）９項で法27条（32条）から法34条（39条）までの規定の適用が除外されている）。しかし，仮名加工情報を作成した元データを保有し続ける限り，その保有個人データとしての元データについて本人の権利行使に対応する義務は残る。一定の加工をしたデータについてだけは権

47　ガイドライン仮名・匿名加工情報編２−２−２−２。

利行使の対象外としたい（特に開示等をしたくない）という意図で仮名加工情報を作成することは想定されるが，保有し続ける元データとの関係では本人の権利行使に対応する義務は依然として残るため，保有個人データについての本人の権利行使を限定するという目的のためだけに仮名加工情報を活用することは実務上は想定されない。

　なお，当該元データに企業秘密が含まれる場合であって，これを開示することにより当該事業者の業務の適正な実施に著しい支障を及ぼすおそれがある場合には，現行法上も，本人からの保有個人データについての開示請求等に応じる必要がないといえる場合があり得るが（法28条（33条）2項2号等），この点は，改正法施行後も変わるところではない。

Q42　個人関連情報の意義

　個人関連情報とは何ですか。また，個人関連情報に関する規制が導入されるに至った背景を教えてください。

A　個人関連情報とは，生存する個人に関する情報であって，個人情報，仮名加工情報および匿名加工情報のいずれにも該当しないものです。インターネット上のクッキー等の端末識別子に紐付く個人情報でないユーザーデータの取扱いの実態を背景として規制が導入されました。

解説

1　個人関連情報とは

　個人関連情報とは，生存する個人に関する情報であって，個人情報，仮名加工情報および匿名加工情報のいずれにも該当しないものをいう（法26条の2（31条））。

　具体的には，①クッキー等の端末識別子を通じて収集された，ある個人のウェブサイトの閲覧履歴，②メールアドレスに結び付いた，ある個人の年齢・性別・家族構成等，③ある個人の商品購買履歴・サービス利用履歴，④ある個人の位置情報，⑤ある個人の興味・関心を示す情報等が挙げられる[48]。「個人に関する情報」のうち，氏名，生年月日その他の記述等により特定の個人を識別することができるものは，個人情報に該当するため，個人関連情報には該当しない[49]。また，統計情報は，特定の個人との対応

---

[48]　ガイドライン通則編2-8。

[49]　例えば，一般的に，ある個人の位置情報それ自体のみでは個人情報には該当しないものではあるが，個人に関する位置情報が連続的に蓄積される等して特定の個人を識別することができる場

関係が排斥されている限りにおいては,「個人に関する情報」に該当する
ものではないため, 個人関連情報にも該当しない。

　個人関連情報は, 個人情報, 仮名加工情報および匿名加工情報のいずれ
にも該当しないものであるから, それを保有するだけでは個人情報保護法
上の規制を受けるものではない。しかし, 改正法においては, 個人関連情
報を第三者に提供する場面において, 提供元では個人データに該当しない
ものの, 提供先において個人データとなることが想定されるときは, 本人
の同意が得られていること等の確認を義務づけることとした（法26条の2
（31条）。規制の詳細についてはQ43参照）。

2　個人関連情報に関する規制が導入された背景

　個人関連情報の第三者提供に関する規制が導入されるに至った背景は次
のとおりである。

　インターネット広告の分野では, ユーザーが, あるウェブサイトにアク
セスした際に, 当該ユーザーのPCやスマートフォン等のブラウザごとの
クッキー等を通じてユーザー1人ひとりの趣味嗜好・性別・年齢・居住地
等に関するユーザーデータを取得し, それを活用して当該データに狙いを
絞った広告配信を行う, いわゆるターゲティング広告の手法が広く普及し
ている。このターゲティング広告には, 個人情報が使用されることもある
が, 個人情報を含まない端末識別子のユーザーデータのみが使用されるこ
とが多く, それが業界の慣行となっていた。

　一方, ここ数年, インターネット上のユーザーデータの収集・蓄積・統
合・分析を行う,「DMP（Data Management Platform）」と呼ばれるプ
ラットフォームが普及しつつある。この中で, クッキー等の識別子に紐付
く個人情報ではないユーザーデータを, 提供先において他の情報と照合す

　合には, 個人情報に該当し, 個人関連情報には該当しないことになる。

ることにより個人情報とされることをあらかじめ知りながら，他の事業者に提供する事業形態が出現している。このように，ユーザーデータを大量に集積し，それを瞬時に突合して個人データとする技術が発展・普及したことにより，提供先において個人データとなることをあらかじめ知りながら非個人情報として第三者に提供するという，法23条（27条）の規定の趣旨を潜脱するスキームが横行しつつあり，こうした本人関与のない個人情報の収集方法が広まることが懸念されたことで，本改正により規制が導入されることになった[50]。

3　個人関連情報という概念を導入した解釈の明確化

　現行法においても，個人情報取扱事業者が個人データを第三者に対して提供する場合には，本人の同意を得なければならないとされているが（法23条（27条）1項），仮に提供先で個人情報として認識できないとしても，個人情報を取得した事業者に，一義的に，本人の権利利益を保護する義務を課すという基本的発想から，当該情報の提供元である事業者にとって個人データである場合には，この第三者提供規制が適用されると考えられている（提供元基準説）。しかし，前述のDMPにあるような「提供元において個人データに該当しないが，提供先においては個人データに該当する場合」に関しては，必ずしも考え方が明らかになっていなかった[51]。そこで改正法では，いわゆる提供元基準説を基本としつつ，提供元では個人データに該当しないものの，提供先が個人データとして個人関連情報を取得することが想定される情報に関して，個人関連情報という新たな概念を導入した規制が導入されることとなった。

50　大綱24頁。
51　大綱25頁。

4　個人関連情報に関する規制の対象

　上記のとおり，個人関連情報に関する規制が導入されるに至った背景には，昨今のクッキー等の端末識別子に紐付く個人情報でないユーザーデータの取扱いの実態があることは否定できないが，個人関連情報の定義からも明らかなとおり，当該規制は端末識別子に紐付く個人情報でないユーザーデータのみを対象とするものではなく，あらゆる個人に関する情報が対象となり得る。逆に，クッキー等の端末識別子に紐付く個人情報でないユーザーデータであればすべてが規制されるわけでもない（詳細は，Q44を参照）。その規制の射程については，今後の動向の注視が必要である。

Q43　個人関連情報に関する規制の全体像

個人関連情報に関する規制の詳細を教えてください。

A 個人関連情報取扱事業者は，個人関連情報を第三者に提供しようとする場合において，第三者が個人データとして個人関連情報を取得することが想定されるときは，本人の同意が得られていること等を確認する義務を負います。

解説......

1　提供元の個人関連情報取扱事業者による確認義務

　個人関連情報取扱事業者は，個人関連情報を第三者に提供しようとする場合において，第三者が個人データとして個人関連情報を取得することが想定されるときは，法23条（27条）1項各号が掲げる場合を除き，あらかじめ，個人情報保護委員会規則に定めるところにより，下記事項を確認する義務を負う（法26条の2（31条）1項各号）。

① 当該第三者が，個人関連情報取扱事業者から個人関連情報の提供を受けて本人が識別される個人データとして取得することを認める旨の当該本人の同意が得られていること（1号）
② 外国にある第三者への提供にあっては，本人の同意を得ようとする場合において，個人情報保護委員会規則で定めるところにより，あらかじめ，当該外国における個人情報の保護に関する制度，当該第三者が講ずる個人情報の保護のための措置その他当該本人に参考となるべき情報が当該本人に提供されていること（2号）

2 「第三者が個人データとして個人関連情報を取得することが想定されるとき」の解釈

　個人関連情報取扱事業者にとって重要となるのは，「第三者が個人データとして個人関連情報を取得することが想定されるとき」の要件の解釈であるが，詳細についてはQ45参照。

3 確認の方法および記録保存義務[52]

　個人関連情報取扱事業者は，提供先の第三者が個人関連情報を個人データとして取得することが想定されるときは，原則として，あらかじめ当該個人関連情報に係る本人の同意が得られていることを確認しないで個人関連情報を提供してはならない。本人から同意を得る主体は，原則として提供先の第三者となり，個人関連情報取扱事業者は，当該第三者から申告を受ける方法その他の適切な方法によって本人同意が得られていることを確認することになる（規則18条の2（26条）1項）。提供先の第三者から申告を受ける場合，個人関連情報取扱事業者は，その申告内容を一般的な注意力をもって確認すれば足りる。提供先の第三者において，複数の本人から同一の方式で同意を取得している場合，提供元はそれぞれの本人から同意が取得されていることを確認する必要があるが，同意取得の方法については，本人ごとに個別の申告を受ける必要はなく，複数の本人からどのように同意を取得したか申告を受け，それによって確認を行えば足りる。

　実務上は，提供先となる第三者に対して，データ提供契約等に基づく表明保証の対象とする方法や誓約書の提出を求める方法が考えられる。

　また，提供元の個人関連情報取扱事業者において，同意取得を代行する場合，当該同意を自ら確認する方法も「その他の適切な方法」による確認に該当する。

52　ガイドライン通則編3－7－4－1。

そして，個人関連情報取扱事業者は，当該確認を行ったときは，当該個人関連情報を提供した年月日，当該確認に係る事項その他の個人情報保護委員会規則で定める事項に関する記録を作成し，保存しなければならない（法26条の2（31条）3項，法26条（30条）2項～4項）。

4　個人関連情報取扱事業者

個人関連情報の第三者提供の制限等に関する規制が適用されるのは，個人関連情報取扱事業者である。個人関連情報取扱事業者とは，個人関連情報データベース等を事業の用に供している者である。したがって，個人関連情報を保有していたとしても，そのデータベース等を保有していない場合には，個人関連情報取扱事業者ではないから当該規制の対象とはならない。また，当該規制の対象となる個人関連情報は，個人関連情報データベース等を構成するものに限られる。そのため，個人関連情報取扱事業者であっても，問題となる個人関連情報がデータベース等を構成しない散在情報にすぎない場合には，当該規制の対象とはならない。

5　外国にある第三者に対して提供する場合[53]

前記1のとおり，個人関連情報取扱事業者が，外国にある第三者に対して個人関連情報を提供する場合にあっては，法26条の2（31条）1項1号の本人の同意を得ようとする場合において同2号記載の情報提供がされていることを確認する必要がある。

ただし，当該第三者が，①個人の権利利益を保護する上でわが国と同等の水準にあると認められる個人情報保護制度を有している国にある場合，または，②個人情報取扱事業者が講ずべき措置に相当する措置（相当措置）を継続的に講ずるために必要な体制を整備している者である場合には，

法26条の2（31条）1項2号との関係で「第三者」に該当しないことから（法24条（28条）1項の第三者のかっこ書内の「同号において同じ」参照），上記の情報提供の確認は不要となる。ただし，この場合であっても，法26条の2（31条）1項1号は適用されるから，同意を確認する義務があるほか[54]，②に該当する場合は，当該外国にある第三者による相当措置の継続的な実施を確保するために必要な以下の措置を講ずる必要がある（法26条の2（31条）2項，24条（27条）3項）（外国にある第三者に対する提供についてのQ63参照）。

(ア) 当該第三者による相当措置の実施状況ならびに当該相当措置の実施に影響を及ぼすおそれのある当該外国の制度の有無およびその内容を，適切かつ合理的な方法により，定期的に確認すること（規則11条の4（18条）1項1号関係）

(イ) 当該第三者による相当措置の実施に支障が生じたときは，必要かつ適切な措置を講ずるとともに，当該相当措置の継続的な実施の確保が困難となったときは，個人関連情報の当該第三者への提供を停止すること（規則11条の4（18条）1項2号関係）

6 委託等に伴い個人関連情報を提供する場合

法26条の2（31条）1項は法23条（27条）5項と異なり，委託，共同利用，事業承継の場合を「第三者」から除外していない。もともと，委託はその性質上，提供先が保有する個人情報との紐付けが認められないことから（後掲コラム「個人データ取扱いにおける「委託」の限界」参照），こ

---

54 外国にある第三者に個人データを提供する場合において，当該第三者が相当措置を講じている場合には，法24条（28条）1項の「第三者」から除かれるため，外国にある第三者への提供についての本人の同意を得る必要はなくなるが，個人関連情報の第三者提供の制限は同意の確認が不要となるわけではないことに留意が必要である（すなわち，提供先における同意の取得が不要となるわけではない）。

のような紐付けを意図して個人関連情報を委託に伴い提供することはできない。個人関連情報取扱事業者が提供先で個人データと結び付けることを依頼したいとしても，それは個人情報保護法上でいうところの「委託」ではなく，同条の「提供」と解釈され規制されることになる（Q46参照）。また，個人関連情報を共同利用や事業承継により提供することは，個人データの共同利用や事業承継を認めることに比してその必要性が乏しく，潜脱的手法も懸念されることから，例外として認められていないものと考えられる。

7　提供先の義務

　上記のとおり，改正法により，個人関連情報取扱事業者には一定の事項について確認義務が課せられることになるが，提供先となる第三者は，個人関連情報取扱事業者が確認を行う場合において，当該個人関連情報取扱事業者に対して，当該確認に係る事項を偽ってはならない（法26条の2（31条）3項，法26条（30条）2項）[55]。また，その前提として，提供先となる第三者においては，当該個人関連情報の本人から同意を得ることや，それが外国にある第三者である場合には，当該本人に対して上記参考となるべき情報を提供する必要があることになる。提供先は，相当措置を講ずることで情報提供する義務を免れることはできるが，本人から同意を取得する義務を免れるわけではない。

　なお，改正法施行日前になされた本人の個人関連情報の取扱いに関する同意がある場合において，その同意が法26条の2（31条）1項の規定による個人関連情報の第三者への提供を認める旨の同意に相当するものであるときは，同項1号の同意があったものとみなされる（附則5条1項）。

---

[55]　当該第三者がこれに違反し，意図的に虚偽の情報を示して取得した場合には，不正取得として法17条（20条）1項に違反すると考えられる。

Q44 クッキータグによる情報の直接取得は，個人関連情報の「提供」か？

　クッキータグにより第三者が情報を直接取得する場合，個人関連情報を第三者に「提供」していることになるのでしょうか。

A この場合には，原則「提供」には当たらないと考えられます。

解説⋯⋯⋯

　個人関連情報の「提供」規制は，個人関連情報の「提供」があってはじめて及ぶものである。そこで，クッキータグにより第三者が情報を直接取得する場合，個人関連情報を第三者に「提供」していることになるのかが問題となる。

　この点，委員会Q&A 8 −10では，以下の回答がなされている。

> Q　A社が自社のウェブサイトにB社のタグを設置し，B社が当該タグを通じてA社ウェブサイトを閲覧したユーザーの閲覧履歴を取得している場合，A社はB社にユーザーの閲覧履歴を「提供」したことになるか。
> A　個別の事案ごとに判断することとなるが，A社がB社のタグにより収集される閲覧履歴を取り扱っていないのであれば，A社がB社に閲覧履歴を「提供」したことにはならず，B社が直接にユーザーから閲覧履歴を取得したこととなると考えられる。

　「A社がB社のタグにより収集される閲覧履歴を取り扱っていないのであれば」という留保が意味するところがやや不明瞭であるが，原則として，自社のウェブサイトにクッキータグを設置したA社からB社への第三者提供ではなく，クッキータグにより情報を自らのサーバに取得するB社による直接取得になるとの考えが示されている。

　この点，個人情報保護委員会は，以前，以下のような内容の「SNSの『ボタン』等の設置に係る留意事項（個人情報保護委員会による注意情報)」を公表[56]したことがある。ここでは，SNSのボタン等を設置したウェブサイト運営者への説明を求めているが，これも，SNSのボタン等を設置したウェブサイト運営者からSNSへの第三者提供ではないということを大前提として，丁寧な対応を求めているにすぎないと考えられ，従前からこの点の見解は一貫していると思われる。

> 　一部のソーシャルネットワーキングサービス（SNS）は，ログインした状態で，当該SNSの「ボタン」等が設置されたウェブサイトを閲覧した場合，当該「ボタン」等を押さなくとも，当該ウェブサイトからSNSに対し，ユーザーID・アクセスしているサイト等の情報が自動で送信されていることがある。このため，サイト運営者においては，SNSの『ボタン』等の設置を検討する際には，各SNSのプライバシーポリシー等を十分確認し，実態を正確に把握した上で判断する必要がある。また，サイト運営者は，SNSに情報送信されるような「ボタン」等をウェブサイトに設置する場合には，ボタン等を押さなくとも閲覧しただけで当該SNSに情報が送信されることがあることを一般の利用者が十分に認識するよう，当該SNSに情報が送信されていることおよび送信されている情報の範囲等をプライバシーポリシー等においてわかりやすく明示する等，丁寧にご対応いただきたい。

　なお，この点，例えば，欧州のGDPRにおいては，クッキータグやSNSボタンを設置したウェブサイト運営者は，当該クッキータグにより情報を受け取る者やSNSの共同管理者として位置づけられることになり[57]，上記の日本法上の整理とは異なるといえる。上記事例で，仮に，B社がクッキータグで，一旦，直接取得した情報をA社に提供し，それをA社が「個人データとして取得」すれば，当該場面では，規制がかかることになることには留意が必要である。

56　https://www.ppc.go.jp/news/careful_information/sns_button/
57　欧州司法裁判所2019年7月29日　FashionID判決参照。

Q45　第三者が個人データとして個人関連情報を取得することが想定されるとき

「第三者が個人データとして個人関連情報を取得することが想定されるとき」とは，どのような場合ですか。

A　「個人データとして取得する」とは，提供先の第三者において，個人データに個人関連情報を付加する等，個人データとして利用する場合をいいます。「想定される」とは，提供元の個人関連情報取扱事業者において，提供先の第三者が「個人データとして取得する」ことを現に想定している場合，または一般人の認識を基準として「個人データとして取得する」ことを通常想定できる場合をいいます。

解説

　個人関連情報取扱事業者は，個人関連情報を第三者に提供しようとする場合において，「第三者が個人データとして個人関連情報を取得することが想定されるとき」は，本人の同意が得られていること等を確認する義務を負う（法26条の2（31条）1項各号）。そのため，個人関連情報の第三者提供で規制されるのは，提供元において，提供先が個人データとして取得することが想定される場合に限られ，個人関連情報の第三者提供一般を規制するものではない。

　この点，大綱では，提供元基準説のみに依拠することの不都合が指摘されて，提供元基準を基本としつつ，提供元では個人データに該当しないものの，提供先において個人データになることが「明らかな」情報について，個人データの第三者提供を制限する規律を適用するものとされてい

た[58]。個人関連情報取扱事業者が個人関連情報を提供する前に確認義務を負う「第三者が個人データとして個人関連情報を取得することが想定されるとき」の要件は，上記大綱の「提供先において個人データになることが明らか」との文言よりも，形式的には広く読めるようにも見えるが，大綱で規制しようとした点よりも厳格な規制を導入する趣旨ではない[59]。

個人関連情報の提供を行う個人関連情報取扱事業者は，提供先の第三者との間で，提供を行う個人関連情報の項目や，提供先の第三者における個人関連情報の取扱い等を踏まえた上で，それに基づいて法26条の2（31条）1項の適用の有無を判断することになる。

1 「個人データとして取得する」[60]

法26条の2（31条）1項の「個人データとして取得する」とは，提供先の第三者において，個人データに個人関連情報を付加する等，個人データとして利用しようとする場合をいう。

提供先の第三者が，提供を受けた個人関連情報を，ID等を介して提供先が保有する他の個人データに付加する場合には，「個人データとして取得する」場合に該当する。

提供先の第三者が，提供を受けた個人関連情報を直接個人データに紐付けて利用しない場合は，別途，提供先の第三者が保有する個人データとの容易照合性が排除しきれないとしても，ここでいう「個人データとして取得する」場合には直ちに該当しない。

58 大綱25頁。

59 第201回国会・参議院・内閣委員会（令和2年6月4日）。

60 ガイドライン通則編3-7-1-1。

2 「想定される」[61]

　「想定される」とは，提供元の個人関連情報取扱事業者において，提供先の第三者が「個人データとして取得する」ことを現に想定している場合，または一般人の認識[62]を基準として「個人データとして取得する」ことを通常想定できる場合をいう。

(1) 「個人データとして取得する」ことを現に想定している場合

　提供元の個人関連情報取扱事業者が，提供先の第三者において個人データとして取得することを現に認識している場合をいう。

【現に想定している場合に該当する例】

> 事例1）　提供元の個人関連情報取扱事業者が，顧客情報等の個人データを保有する提供先の第三者に対し，ID等を用いることで個人関連情報を個人データと紐付けて取得することが可能であることを説明している場合
> 事例2）　提供元の個人関連情報取扱事業者が，提供先の第三者から，個人関連情報を受領した後に個人データと紐付けて取得することを告げられている場合

(2) 「個人データとして取得する」ことを通常想定できる場合

　提供元の個人関連情報取扱事業者において現に想定していない場合であっても，提供先の第三者との取引状況等の客観的事情に照らし，一般人の認識を基準に通常想定できる場合には，「想定される」に該当する。

61　ガイドライン通則編3-7-1-2。
62　ここでいう「一般人の認識」とは，同種の事業を営む事業者の一般的な判断力・理解力を前提とする認識をいう。

【通常想定できる場合】

> 事例）　個人関連情報を提供する際，提供先の第三者において当該個人関連
> 情報を氏名等と紐付けて利用することを念頭に，そのために用いる
> ID等も併せて提供する場合

3　契約等による対応[63]

　提供元の個人関連情報取扱事業者および提供先の第三者間の契約等にお
いて，提供先の第三者において，提供を受けた個人関連情報を個人データ
として利用しない旨が定められている場合には，通常，「個人データとし
て取得する」ことが想定されず，法26条の2（31条）は適用されない。こ
の場合，提供元の個人関連情報取扱事業者は，提供先の第三者における個
人関連情報の取扱いの確認まで行わなくとも，通常，「個人データとして
取得する」ことが想定されない。もっとも，提供先の第三者が実際には個
人関連情報を個人データとして利用することがうかがわれる事情がある場
合には，当該事情に応じ，別途，提供先の第三者における個人関連情報の
取扱いも確認した上で「個人データとして取得する」ことが想定されるか
どうか判断する必要がある。

63　ガイドライン通則編3-7-1-3。

Q46　個人関連情報と委託

　個人関連情報について，委託先から提供を受ける，または委託先が
提供する場合に，規制対象外となりますか？

A　原則として規制対象外にはなりませんが，個人データの取扱い
の委託に伴って委託元が提供した個人データが，委託先にとっ
て個人データに該当せず，個人関連情報に該当する場合におい
て，委託先が委託された業務の範囲内で委託元に当該データを
返す行為については，規制対象外となります。

解説

1　個人関連情報の第三者提供規制の導入

　個人関連情報取扱事業者は，個人関連情報を第三者に提供しようとする
場合において，第三者が個人データとして個人関連情報を取得することが
想定されるときは，本人の同意が得られていること等を確認する義務を負
う（法26条の2（31条）1項）。これは「提供元において個人データに該当
しないが，提供先においては個人データに該当する場合」に関しては，こ
れまで，必ずしも考え方が明らかになっていなかったことから，提供元で
は個人データに該当しないものの，提供先が個人データとして個人関連情
報を取得することが想定される情報に関して，個人関連情報という新たな
概念を導入した規制が導入されることとなったものである（詳細はQ42参
照）。

2　委託に伴う個人データの提供

　一方，現行法において，個人情報取扱事業者が個人データを第三者に対

して提供する場合には，本人の同意を得なければならないとされている（法23条（27条）1項）。もっとも，委託に伴って提供する場合には，提供先は「第三者」とみなされず，本人の同意なく提供することが可能である（法23条（27条）5項1号）。

　ただし，委託に伴う個人情報の取扱いには性質上の制限がある。すなわち，当該提供先は，委託された業務の範囲内でのみ，本人との関係において提供主体である個人情報取扱事業者と一体のものとして取り扱われることに合理性があるため，委託された業務以外に当該データを取り扱うことはできないとされる。また，そもそも，個人情報保護法上の個人データの取扱いの委託とは，契約の形態・種類を問わず，個人情報取扱事業者が他の者に（自らの）個人データの取扱いを行わせることであるから，委託元が本来，自らやろうと思えばできるはずの行為を委託先に依頼することである。したがって，委託元である個人情報取扱事業者は，自ら持っている情報を委託先に渡したり，委託先に新たに情報を取得することを依頼したりすること（取得の委託）はできるが，委託するよりも前に委託先がすでに保有していた個人情報や，委託先が他の委託元から入手した個人情報を利用することはできない。このような利用方法は，委託として許容される範囲を超えるものとして違法となる（後掲コラム「個人データ取扱いにおける「委託」の限界」を参照）。

3　個人関連情報と委託

　個人関連情報の第三者提供について，法23条（27条）5項各号に相当する例外規定はないため，個人関連情報の提供について，委託を根拠に同意取得と確認を省略することは原則としてできない。

　この点，委員会Q&A8－9では，次の事例が挙げられている。

> Q　個人データの取扱いの委託に伴って委託先に個人データを提供した。委託先にとって当該データが個人データに該当せず，個人関連情報に該当する場合，委託先が当該データを委託元に返す行為について，法26条の２（31条）１項は適用されるか。
>
> A　個人データの取扱いの委託に伴って委託元が提供した個人データが，委託先にとって個人データに該当せず，個人関連情報に該当する場合において，委託先が委託された業務の範囲内で委託元に当該データを返す行為については，法26条の２（31条）１項は適用されない。ただし，委託先が，委託先で独自に取得した個人関連情報を当該データに付加し，その付加後の当該データを委託元に返す場合には，法26条の２（31条）１項が適用される。

　上記では，委託元が，委託先に対してまず前提として，委託元にとって個人データに当たるが，委託先にとっては個人データに当たらないようなデータを提供する行為が前置されている事例を想定している。この場合，あくまで，個人データの存在を前提に，23条（27条）５項１号の委託を根拠としていると考えられる。

　委託先が，委託先で独自に取得した個人関連情報を当該データに付加し，その付加後の当該データを委託元に返す場合には，個人データの委託の限界を超えることになるため，原則どおり，個人関連情報に関する規制がかかるものとしている。

　この点について，委員会Q&A７－41において，委託に伴って提供された個人データを，委託先が独自に取得した個人データまたは個人関連情報と本人ごとに突合することはできないことが明確化されている。また，委員会Q&A７－42において，委託に伴って提供された個人データを，委託先が独自に取得した個人データまたは個人関連情報と本人ごとに突合し，新たな項目を付加してまたは内容を修正して委託元に戻すことはできないことが明確化されている。同Q&Aでは，個人関連情報に関する事例として，顧客情報をデータ・マネジメント・プラットフォーム等の外部事業者

に委託に伴って提供し，当該外部事業者において，提供を受けた顧客情報に，当該外部事業者が独自に取得したウェブサイトの閲覧履歴等の個人関連情報を付加し，当該顧客情報を委託元に戻すことはできないとされている。

　この点については，個人データの取扱いの委託の限界に関連する議論であり，以下のコラムで詳述する。

---コラム---

個人データ取扱いにおける「委託」の限界

　個人情報保護法上，事業者が個人データを第三者に提供する場合，本人の同意を得る必要があるが（法23条（27条）1項），例外的に，利用目的の達成に必要な範囲内において，個人データの取扱いを委託することに伴い提供する場合には，当該委託先は「第三者」に該当せず，本人の同意なく提供が可能となる（法23条（27条）5項1号）。ただし，個人データの取扱いの委託に伴う提供さえあれば，委託先におけるどのような取扱いも許容されるというわけではない。ガイドライン上は，当該提供先は，委託された業務の範囲内でのみ，本人との関係において提供主体である個人情報取扱事業者と一体のものとして取り扱われることに合理性があるため，委託された業務以外に当該個人データを取り扱うことはできないとされている（ガイドライン通則編3-6-3）。そのため，実務上は，当該委託によって想定される個人データの取扱いが適法であるか否かは，「委託された業務」に含まれるかが重要である。今般，令和2年改正による委員会Q&Aの改訂にあわせて，令和2年改正そのものとは直接の関係がないものの，本論点に関する委員会Q&Aも補充された。本コラムは，この委員会Q&Aの改訂を踏まえた検討を行う。

1　委託された業務の範囲の基本的な考え方

　個人情報保護法上の委託とは，契約の形態・種類を問わず，個人情報取扱事業者が他の者に（自らの）個人データの取扱いを行わせることである。委託先は，

委託された業務の範囲内でのみ，本人との関係において委託元である個人情報取扱事業者と一体のものと取り扱われることに合理性があることから，同法上の「第三者」に該当しないとされるところ，委託元が，本来，自らが，本人の同意を得ることなくやろうと思えばできる取扱いであれば，そのような合理性は認められてしかるべきである。委託先は，委託元から提供された個人データの取扱いとの関係では，いわば委託元の手足にすぎず，自ら当該個人データの利用目的や方法を決めるような主体的な地位を持つものではない。個人データの取扱いの委託については，主に，①委託先が提供された個人データを委託の内容と関係なく自社のために利用する場合（委託先が独自の利用目的で利用するものであるので「独自利用の問題」と定義する），②委託先が提供された個人データを取り扱うに際し，当該データ以外の情報と区別せずに混ぜて取り扱う場合（いわゆる「混ぜるな危険」の法理），の2点が問題となるが，いずれも上記の観点からの検討が不可欠である。

2　独自利用の問題

(1)　委託先における独自利用における基本的な考え方

　個人情報取扱事業者から個人データの取扱いの委託を受けた委託先が，提供された個人データを委託の内容と関係のない自社の営業活動等のために利用する場合は，委託された業務以外に個人データを利用するものとして許されない（委員会Q&A7−37事例1）。たとえ，それが統計情報や匿名加工情報を作成して独自に利用するものであっても委託の内容と関係がなければ，許されない（委員会Q&A7−38および15−19）。前記のとおり，委託に伴う提供は，委託元が自ら行うことができる取扱いを委託業務とし，委託先がその手足となって取り扱うことを前提に提供を正当化するものである。委託先が当該委託業務以外で個人データを取り扱うことは委託先の手足としての地位と矛盾するから，それが個人情報としての利用でなくても，提供行為を正当化することはできない。これは仮に，委託先が委託業務とは関係のない利用をすることを，委託元が承諾していたとしても，委託の内容と関係がない以上，許容されるものではない。

　上記の結論は，委託先が委託に伴って提供された個人データではなく，当該個

人データを利用して取得した個人データを，委託された業務以外に独自利用する場合も同様である。例えば，広告配信の委託を受け，これに伴って提供された氏名・メールアドレス等の個人データを利用して広告配信を行い，当該広告に対する本人の反応等の別の個人データを取得した場合に，取得した別の個人データを自社のために利用することはできない（委員会Q&A 7 - 40）。

　このような独自利用がされた場合，委託元は監督義務違反（法22条（25条））が問題となり得るほか，事案によっては本人の同意のない違法な第三者提供（法23条（27条））と判断される余地があろう。また，委託先も不正取得（法17条（20条）1項），目的外利用（法16条（18条）1項），不適正利用（16条の2（19条））[64]が問題となり得る。委託先での独自利用を想定し，これを適法化するには，委託元の手足としての地位から脱却する必要がある。すなわち，委託先が委託元から個人データの提供を受けるケースでは，本人から第三者提供の同意を得ることになり，委託先が本人から個人データを直接取得するケースでは，委託先という地位ではなく，自らが管理を行う主体であることを明示しなければならない[65]。

(2)　委託先における利用が許される場合

　委託先における独自利用は許されないが，委託先における取扱いが委託された業務の範囲を逸脱することなく，個人情報保護法上の他の規制にも抵触しなければ，委託先での利用が許容される余地がある。例えば，上記(1)とは異なり，委託

---

[64]　なお，不適正利用については，相当悪質なケースが想定されており，条文の適用可能性は必ずしも高いとはいえないと思われるが，一般条項として態様次第では理論的に可能性があるため，ここでも列挙することとした。

[65]　ただし，本人がA社のサービスを使おうとすると，選択の余地なく強制的にB社も個人データを取得することになるようなケースについては，個人情報保護法上違法となるかは別として，本人が受けるであろう印象を踏まえた炎上リスクやプライバシーへの懸念等を含めて対応にあたり慎重な検討をしておくことが有益であるといえる（なお，この点に関して，板倉陽一郎「個人情報の利活用における失敗事例とその分析」Business Law Journal 2020年11月号25頁は，このような態様のB社による個人データの取得を「まったく不適切」とし，法的には，不適正取得と評価されることも「あり得よう」としている）。

先が，委託に伴って提供され個人データを統計情報や匿名加工情報に加工することが，もともと委託された業務の範囲であれば，その成果物である統計情報や匿名加工情報を委託先において自ら利用することは可能であると解される。

　そうすると，委託先での取扱いが許容されるかは「委託された業務の範囲」か否かが重要となるが，これは，個別の事案ごとに，委託元の利用目的の達成に必要か否かを判断するほかないであろう。委員会Q&A7-39では，委託に伴って提供された個人データを，委託業務を処理するための一環として，委託先が自社の分析技術の改善のために利用することは，「個別の事例ごとに判断することになるが，委託先は，委託元の利用目的の達成に必要な範囲内である限りにおいて，委託元から提供された個人データを，自社の分析技術の改善のために利用することができる」としている。委託先が自社の分析技術の改善のために委託元から提供された個人データを利用することは，一見すると，独自利用のようにも思えるが，それが委託業務を処理する一環として，委託元の利用目的の達成に必要であれば，委託先は手足としての役割を逸脱しているわけではないという評価が可能であろう。いい換えれば，委託先が，委託された業務を処理した結果，自らも（副次的に）何らかの利益を享受することのすべてが違法とされるわけではない[66]。ただし，このような分析技術の改善については，後述の「混ぜるな危険」の問題にも留意が必要である。

---

[66]　機械学習で想定されるような委託先の分析技術開発のための研究・開発における利用は，委員会Q&A7-39のとおり，それが，委託元の利用目的の達成に必要であるとして認められる場合がある。少なくとも，個人データを用いた分析の処理を委託された場合において，その分析の技術を向上することは，その成果物を受領する委託元の間接的または直接的な利益となり得るから，その限りではこの要件を充たすと考えられる。例えば，機械学習やディープラーニングに組み込まれたアルゴリズムの精度を向上させるために，委託元から提供を受けた個人データを用いることは可能である。ただし，これは受託したデータ処理を行う過程における個人データの利用を前提とするため，例えば，当該委託の内容とは関連のない別サービスで利用することを予定する新たなデータ分析技術の研究・開発のために利用するような，受託したデータ処理とは関係のない処理を行うことは，独自利用となるため許容されない。もっとも，当該委託に伴う個人データの取扱いにより生成されたアルゴリズムそのものは，そこに個人データが保有され続けていない限りは，「個人に関する情報」ではない非個人情報としての成果物であるから，委託関係終了後は委託先において自由に利用することができると解される。一方で機械学習の精度を向上させるためとはいえ，当該委託元との委託関係が完全に終了したにもかかわらず，今後の機械学習での利用

2 「混ぜるな危険」の法理

「混ぜるな危険」は，委託先が委託元から提供された個人データを取り扱うに際し，当該データ以外の情報と混ぜて取り扱う場合をいう。ここで，委託先において「混ぜる」とは，「ビジネス法務」2020年8月号29頁以下でも論じたとおり，本人ごとの1対1突合行為を意味するものと解される。ここで，委託先において「混ぜる」対象として問題となる情報として，(i)委託先が他の委託元から提供を受けた個人データまたは個人関連情報，(ii)委託先が自ら保有している個人データまたは個人関連情報があげられる。委託に伴い提供された個人データとこれらの情報を委託先が1対1突合することを違法とするのが，混ぜるな危険の法理であり，このことは委託元の指示・承諾があったとして同様である。以下，詳述する。

⑴ 本人ごとに個人データまたは個人関連情報を突合する行為

「混ぜる」という取扱手法にも様々な類型が想定されるが，まず，典型例としては，委員会Q&A7-37事例2[67]のような，複数の委託元の個人データを本人ごとに突合する行為があげられる。

A社が他社に委託することなく，自社の個人データとB社が保有する個人データを本人ごとに突合する分析を企図する場合，本来，A社はB社から本人同意に基づいてその個人データの提供を受ける必要があるところ，委託を介することで第三者提供規制の潜脱ができるわけではない。したがって，このような突合行為は「混ぜるな危険」の法理により禁止される。これは，個人データの本人ごとの突合行為を禁止するものであるから，たとえ統合して得られる成果物が統計量等の「個人に関する情報」ではない非個人情報であっても同様に禁止される（委員会Q&A7-43①）。

を想定して委託に伴って受領した個人データをその後も保有し続けることは，たとえ委託元の承諾があったとしても，委託関係が終了している以上は，委託の限界により認められないことになるのではないだろうか。

67 A社およびB社の指示に基づき，A社から委託に伴って提供を受けた個人データとB社から委託に伴って提供を受けた個人データを本人ごとに突合することで，本人ごとに個人データの項目を増やす等した上で，その成果物をそのまま，A社およびB社に提供すること。

　この考え方は，委託元の個人データと委託先が独自に取得した個人データを突合する場合でも同様である。なぜなら，委託先は委託元から提供を受けた個人データとの関係では一体として委託元の手足とみなされるが，独自に取得した個人データとの関係では手足となる地位にはなく，別個の主体として観念されるべきであり，そうである以上，上記の第三者提供規制の潜脱という理由づけが妥当するからである。具体的には，委員会Q&A7-42事例1のような例が想定される[68]。

　また，令和2年改正により，個人関連情報について第三者提供規制が導入されたことから，当該規制が潜脱されることのないよう，委員会Q&A7-42事例2[69]のように委託元から提供を受けた個人データと委託先が独自に取得した個人関連情報を1対1で突合する行為も禁止される。

　さらに「混ぜるな危険」の法理の実質的な根拠が第三者提供の潜脱という点にあるとすれば，委託先から委託元に成果物を戻す行為がなければ，この法理の適用がないのかが問題となるが，結論としては同様に禁止される。例えば，委員会Q&A7-41のような事例があげられる[70]。

　これらが禁止される理由としては，「混ぜるな危険」の法理は，本質的には本来，自らが，本人の同意を得ることなくやろうと思えばできる範囲を超える行為を禁止するものであり，委託元が有していない情報を委託先が本人ごとに突合する行為は，委託元と委託先が一体であるという前提を覆してしまう点に求めることが

68　顧客情報を外部事業者に委託に伴って提供し，当該外部事業者において提供を受けた顧客情報に含まれる住所について，当該外部事業者が独自に取得した住所を含む個人データと突合して誤りのある住所を修正し，当該顧客情報を委託元に戻すこと。

69　顧客情報をデータ・マネジメント・プラットフォーム等の外部事業者に委託に伴って提供し，当該外部事業者において，提供を受けた顧客情報に，当該外部事業者が独自に取得したウェブサイトの閲覧履歴等の個人関連情報を付加し，当該顧客情報を委託元に戻すこと。

70　①既存顧客のメールアドレスを含む個人データを委託に伴ってSNS運営事業者に提供し，当該SNS運営事業者において提供を受けたメールアドレスを当該SNS運営事業者が保有するユーザーのメールアドレスと突合し，両者が一致した場合に当該ユーザーに対し当該SNS上で広告を表示すること，②既存顧客のリストを委託に伴ってポイントサービス運営事業者等の外部事業者に提供し，当該外部事業者において提供を受けた既存顧客のリストをポイント会員のリストと突合して既存顧客を除外した上で，ポイント会員にダイレクトメールを送付すること。

できるだろう。

（2）　本人ごとの突合行為を伴わない統計情報の取扱行為

　一方で，個人データまたは個人関連情報と異なり，統計情報は本人の同意なく
第三者に提供できるものであるから，もともと委託元は，委託先から本人の同意
なく委託先が保有する統計情報の提供を受けて取り扱うことが可能である。その
ため，委託元が提供する個人データと委託先が保有する統計情報とを混ぜる行
為については，「混ぜるな危険」の法理によって禁止されることはないと解する。
また，委託先が委託元Ａ社からの委託により提供を受けた個人データから統計情
報を作成し，同様に別の委託元Ｂ社の個人データから統計情報を作成した後で，
Ａ社およびＢ社から承諾を得た上で[71]，両方の統計情報を混ぜて新たな１つの統
計情報を作成し，その成果物をＡ社およびＢ社に提供することは個人データを本
人ごとに突合するわけではないことから可能である[72]。

　さらに，委託元Ａ社およびＢ社の指示に基づき，Ａ社およびＢ社それぞれから
委託に伴って提供を受けた個人データを本人ごとに突合することなく，サンプル
となるデータ数を増やす目的で合わせて１つの統計情報を作成し，これをＡ社お
よびＢ社に提供することは可能である（委員会Q&A７－43②）。これは，１対１
で突合する行為がない限りではＡ社およびＢ社が相互に委託することで同様の結
果を得ることは可能であるし，また，上記の２つの統計情報を混ぜて新たな１つ
の統計情報を作成する行為と実質的な本人への影響が変わらないためであると考
えてよいであろう。

（3）　「混ぜるな危険」に抵触しないための対応

　「混ぜるな危険」の法理により禁止される場合でも，次のような対応をするこ

71　これは，個人情報保護法上の制約ではなく，Ａ社およびＢ社それぞれと締結している委託契約
　の債務不履行となることを防止するためである。
72　なお，例えば，委託先が，委託元Ａ社およびＢ社から匿名加工情報の提供を受けて混ぜて分析
　することについて，匿名加工情報ごとに突合を試みる行為は，識別禁止義務（法38条（45条））の
　規制があることに留意が必要である。

とで当該取扱いが可能となることが示されている（委員会Q&A7－41）。なお，委員会Q&A7－43の事例①では，複数の委託元が存在する事例となっており「第三者提供に関する本人の同意を取得する等の対応を行う必要」があるとされている。①のオプションが明記されている一方で，②のオプションは明記されてはいないが，「等」とあるため，②のオプションが必ずしも否定されているわけでもないと思われる[73]。

---

① 外部事業者に対する個人データの第三者提供と整理した上で，原則本人の同意を得て提供し，提供先である当該外部事業者の利用目的の範囲内で取り扱う。

② 外部事業者に対する委託と整理した上で，委託先である当該外部事業者において本人の同意を取得する等の対応を行う。

いずれも本人の同意を得るという対応であるが，個人データの第三者提供の本人の同意は，（それを「代行」と呼ぶべきかは別として）提供先においても取得することができると解されることから，①の同意を提供先が取得することを否定する趣旨ではないと考えられる。仮に，個人データの第三者提供のための同意は，原則として提供元が取得するべきであるとの考え方に立ち，提供先による同意取得は，例外的な代行であると考えるとすると，提供先は代行として，原則として顕名をするべく，提供元の名称を示さなければならないのかという論点が生じ得る（民法99条参照）[74]。また，②についても，委員会Q&A上は，「委託先」が同

73　委託元と委託先の二者しか登場しない場合と異なり，複数の委託元が登場する場合には，それぞれと「委託関係」を維持しながら，実質的に，それぞれの委託元間での第三者提供を認めるに等しいことから，②のオプションは認めないとの立場もあり得る。しかし，委託先が独自に取得した個人データとの関係では委託先は委託元と別個の主体として観念されるため，この点で他の委託元から提供を受けた個人データと区別する理由はなく，また，本人から適切に同意を得るのであれば，権利利益の保護に悖るところはないから，②のオプションを否定しなくてもよいとも思われる。

74　この点，個人関連情報については，条文上，提供先が同意を取得して提供元がこれを確認する

意を取得すると明記されているが，本人の意思の確認ができるのであれば，委託元が同意を得ることを否定する趣旨ではないと考えられる。

　そうすると，「混ぜるな危険」の取扱いを適法化するためには，①または②の同意を，提供元（委託元）または提供先（委託先）のいずれかが得るという点で４通りの対応方法があることになる。

　もっとも，その同意の効果は①と②で異なると思われる。①の同意は個人データの提供行為を第三者提供と整理するものであるので，確認記録義務（法25条（29条），26条（30条））の対象にはなるが，委託元と委託先は個人情報保護法上の委託関係ではなくなり，委託元の監督義務（法22条（25条））もない。一方で，②の同意は個人データの提供行為を委託とした整理を維持しつつも，本人の同意を得るものであるが，個人情報保護法上，その位置づけは明らかではない。突合行為は行われるが成果物としての個人データの第三者提供がないケースでは，上記の法理により禁止される「混ぜる」行為について本人の同意を得ることで，その違法状態を治癒する[75]という性質と解することが考えられる。この場合，第三者提供の確認記録義務の対象ではないが，委託関係が維持される以上，委託先における独自利用は認められず，委託元は監督義務を負うという帰結になるだろう。

建付けとなっているため，提供元が同意を取得する場合には，代行であるとして，提供先の名称を示すべきとされており，個人データの第三者提供に際して提供先が同意を得る場合も，同じように，代行であるとして，提供元の名称を示す必要があるか問題となり得る。個人関連情報規制における同意の代行という概念は，令和２年改正のガイドライン通則編で新たに示された整理であるが，これを個人関連情報の提供規制の場面のような，提供元と提供先における個人に関する情報の性質に変更を伴わない個人データの第三者提供において持ち込む理由がないという整理はあり得る。また，仮に代行と整理する立場であっても，提供先において，一定の提供元の属性等により外延を示して同意を取得すれば，必ずしも，提供元の名称を示さなくてもよいとの解釈を採ってもよいようにも思われる（同意の意思表示を受ける立場であるから，受動代理となり，民法99条２項により，意思表示を行う本人が誰のために同意するのか顕名を行うべきことになるが，本人が了解している限り問題ないといえるのではないか。能動代理の文脈であるが，代理の顕名についても，本人として特定の者を表示していなくても本人が了解していれば問題ないと解するが学説やこれに沿う，大審院昭12.4.13判決（判決全集4.7.20）等もある。於保不二雄＝奥田昌道編『新版 注釈民法(4)総則(4)』（有斐閣，2015年）21頁（佐久間毅執筆部分））から，今後のさらなる議論が期待される。

75　ここで，混ぜる行為は，違法であるとして，具体的に個人情報保護法のどの条文に違反するから違法なのかが問題となる。委託元の監督義務違反（法22条（25条））が問題となり得るほか，事

加えて，委託先から委託元へ個人データである成果物を戻す行為があるケースにおいては，当該個人データの第三者提供への同意が必要である。実務上は，委託先から委託元に個人データである成果物を提供する同意を得る際には，成果物を作成するための突合行為に係る同意も同時に取得することが想定されるが，突合行為の有無で個人データの内容は大きく変わり得るものであり，それにより本人への影響も異なることから，第三者提供に係る同意を得る際には突合行為があることも明確に本人に認識させることが肝要である。なお，例えば，委員会Q&A7−41（前掲注70）のような事例で，委託元から委託先に個人データを渡したが，委託先の顧客リストには同一人物は存在しておらず，1対1の本人ごとの突合が起こらなかった部分については，委託元から委託先に個人データを渡した行為については，委託の範疇で説明がつくと考えてよいであろう。この点，突合が起こらなかったという結果は突合を意図した偶然のものにすぎないことから，突合された個人データと結論を変えるべきではないとの見解もあり得る。しかし，突合が起こらなかった以上，個人データの性質を変えるものではなく，実質的な本人への影響は変わらないといい得るし，この点で，委託元自らが，本人の同意を得ることなくやろうと思えばできる範囲を超えているとはいえないと思われる。

案によっては本人の同意のない違法な第三者提供（法23条（27条））と判断される余地があろう。また，委託先も不正取得（法17条（20条）1項），目的外利用（法16条（18条）1項），不適正利用（16条の2（19条）。なお，前掲注64を参照）が問題となり得るほか，事案によっては，委託先から委託元への個人データである成果物を納入する過程が，本人の同意のない違法な第三者提供（法23条（27条））と判断される余地があろう。また，個人情報保護法上の違反行為が必ずしも明確に認定できない場合であっても，プライバシー権侵害という民事上の不法行為を治癒するための同意と考える余地もあろう。個人情報保護委員会は，「混ぜる」行為を適法化できる同意の法的性質について特段説明しておらず，今後の議論が期待されるが，理論的にはどう整理するにせよ，実務上は，同意が必要である前提で対応しておくことになろう。

Q47 個人関連情報を個人データとして扱うことの可否

個人関連情報を個人データとして扱うことにより，個人関連情報の規制に服しないことはできますか。

 A 事業者は，個人情報に該当するか否かを判断し，個人情報に該当する情報については，個人情報の取扱いに適用される規律に従って取り扱う必要がありますが，個人関連情報の規制に服する必要はありません。

解説

パブコメ通則編295では，以下のとおり興味深い質問がなされている。

> Q　Cookie情報等について，個人情報保護法においては個人関連情報に該当する場合があるとしても，ビジネスのグローバル展開を踏まえてEU等の法令も鑑み自社の内規においては個人情報として取り扱うことを定めている場合や，個人情報該当性が完全に否定できず個人情報なのか個人関連情報なのかの区別が不明瞭であるために，より安全に取り扱うため個人情報とみなして取り扱う場合がある。その場合，個人情報に係る規定を遵守すればよく，法26条の2（31条）の適用を受けないと考えてよいか，示していただきたい。
> ＜理由＞グローバル展開している事業の性質上，またプライバシーを重視する事業者のポリシーとして，個人情報保護法において必ずしも個人情報に該当せずとも内規においては個人情報と同じく厳格に取り扱うべきことを定め，社員にも周知してきた事項については，今後も維持していく必要があるため，明確にしておきたい。

GDPR等の世界の個人情報保護規制においては，日本の個人情報保護法

よりも個人情報の定義が広く，クッキー等の端末識別子に紐付くユーザーデータ（ウェブサイトの閲覧履歴等）も個人情報に該当すると考えられていることも多い。

　そのため，グローバルにビジネス展開する企業においては，統一的な対応を好んで，日本における上記のクッキー等の端末識別子に紐付くユーザーデータも個人情報に該当すると整理することがある。この場合，このクッキー等の端末識別子に紐付くユーザーデータの取扱いは，個人関連情報に関する規制に服さず，個人情報（個人データ）に関する規制にのみ服するのかが問題となる。

　これに対する，個人情報保護委員会の回答は以下のとおりである。

> Ａ　個人に関する情報について，個人情報（法2条1項）に該当する場合には，個人関連情報には該当しないこととなる。この点，事業者は，個人情報に該当するか否かを「判断」し，個人情報に該当する情報については，個人情報の取扱いに適用される規律に従って取り扱う必要があるが，改正後の法26条の2（31条）に従って取り扱う必要はない。

　この点，ある個人に関する情報が容易照合性を含む識別可能性の「判断」が明確にできない場合において，それを個人情報（個人データ）と整理した上，個人情報保護法上の規制に服させることは，本人の権利利益の保護が図られる以上，当然問題ないと考えられる。一方で，個人情報保護法上，個人情報（個人データ）ではなく，個人関連情報であることが明確に「判断」できる場合までも，選択的に個人情報に該当すると決定できるとすることは，個人関連情報の規制を不当に免れるものではないかとの指摘があり得る。もっとも，個人関連情報の第三者提供規制の趣旨は，従来，いわゆる提供元基準説の下で規制の有無が不明確であった点を明確化し，提供先となる第三者における本人関与のない個人情報の収集方法が広まることを防止する点にあり[76]，それ以外の取扱いを規制する趣旨ではな

い。個人情報（個人データ）として扱えば，第三者に対する提供のみならず他の取扱いを含め，個人関連情報の取扱いよりも厳しい規制に服するのであるから，個人の権利利益の保護に悖^{もと}るものではない。そうだとすれば，個人関連情報を個人情報として扱うという選択を事業者に認めても問題はないようにも思われる。このとおり，提供元にとって個人情報（個人データ）であると扱えるとすれば，グローバルで統一的な対応ができる。また，委託元にとって個人情報（個人データ）であるとして扱うことで，委託を根拠に提供規制を免れることが原則としてできない個人関連情報と異なり（Q46参照），法23条（27条）5項1号に基づき，本人の同意を得ることなく提供できる可能性も生まれると思われる。この場合，提供に伴う確認記録義務はないが，委託元としての監督義務を負うことになるが（この意味で，本人の権利利益の保護に悖^{もと}ることはない），今後，実務上の議論が進展することが期待される。

76　一問一答60頁参照。

Q48　個人関連情報の提供の同意

　個人関連情報を提供しようとするときに，第三者が個人データとしてこれを取得することが想定されますが，提供先はどんな情報を提供して同意を取得すればよいですか。このとき提供元が本人の同意を得ることで個人関連情報を提供することは可能ですか。

A　同意取得にあたっては，①個人関連情報の提供を受けて個人データとして取得する主体，②対象となる個人関連情報の項目，③個人関連情報の提供を受けて個人データとして取得した後の利用目的等について，本人が認識できるようにする必要があります。提供元が個人関連情報の提供に関する本人の同意の取得を代行することは可能です。

解説

1　同意取得にあたっての情報提供

　同意取得にあたっては，本人に対して，本人が同意に係る判断を行うために必要と考えられる適切な範囲の内容を明確に示す必要がある。具体的には，①個人関連情報の提供を受けて個人データとして取得する主体，②対象となる個人関連情報の項目，③個人関連情報の提供を受けて個人データとして取得した後の利用目的等について，本人が認識できるようにする必要がある[77]。提供元の個人関連情報取扱事業者を個別に明示する必要はないが，提供元の範囲や属性を示すことは望ましいと考えられる[78]。

　提供先の第三者による同意取得の場合には，自らが主体であるため，①

---

[77]　ガイドライン通則編3－7－2－2。

[78]　パブコメ通則編389。

については問題とならないが，②の対象となる個人関連情報を特定できるように示した上で同意を取得しなければならない。③の個人関連情報を個人データとして取得した後の利用目的については，提供先の第三者において通知または公表を行う必要があるが，提供先において同意を取得する際には同時に当該利用目的についても本人に示すことが望ましい。

2　同意取得の代行[79]

「本人の同意」を取得する主体は，本人と接点を持ち，情報を利用する主体となる提供先の第三者であるが，同等の本人の権利利益の保護が図られることを前提に，同意取得を提供元の個人関連情報取扱事業者が代行することも認められる。

提供元の個人関連情報取扱事業者が同意取得を代行する場合，本人は利用の主体を認識できないことから，提供元の個人関連情報取扱事業者において，①個人関連情報の提供を受けて個人データとして取得する提供先の第三者を個別に明示し，また，②対象となる個人関連情報を特定できるように示さなければならず，③提供先の第三者が個人関連情報を個人データとして取得した後の利用目的については，提供先の第三者において通知または公表を行わなければならない。なお，提供元は，提供先の第三者が個人関連情報を個人データとして取得した後の利用目的を明示する必要はないが，これを示すことは望ましい[80]。

また，提供元の個人関連情報取扱事業者が同意取得を代行する場合であっても，提供先の第三者が同意取得の主体であることに変わりはないことから，提供先の第三者は提供元の個人関連情報取扱事業者に適切に同意取得させなければならない。

79　前掲注77と同じ。

80　パブコメ通則編409。

3　同意取得の具体的方法

　同意取得の方法としては様々な方法があるが，例えば，本人から同意する旨を示した書面や電子メールを受領する方法，確認欄へのチェックを求める方法がある。ウェブサイト上で同意を取得する場合は，単にウェブサイト上に本人に示すべき事項を記載するのみでは足りず，それらの事項を示した上でウェブサイト上のボタンのクリックを求める方法等によらなければならない。また，同意取得に際しては，本人に必要な情報をわかりやすく示すことが重要であり，例えば，図を用いるなどして工夫することが考えられる[81]。

　個人情報保護委員会の2020年11月20日付「改正法に関連する政令・規則等の整備に向けた論点について（個人関連情報）」では，以下の例が挙げられている。

明示の同意の取得例：
　ウェブサイト上で必要な説明を行った上で，本人に当該ウェブサイト上のボタンのクリックを求める方法（例：「当社は，第三者が運営するデータ・マネジメント・プラットフォームからCookieにより収集されたウェブの閲覧履歴及びその分析結果を取得し，これをお客様の個人データと結びつけた上で，広告配信等の目的で利用いたします。[上記の取扱に同意する]」）
明示の同意の取得とは認められない例：
　プライバシーポリシー等において，個人関連情報の提供につき，利用者側にこれを拒否する選択肢を与えている（拒否されない限り同意しているものとして扱う）場合，これをもって改正法の求める本人の同意を取得したとはいえない（例：「個人関連情報の第三者提供を拒否する場合には，以下のボタンをクリックしてください。[拒否する]」）

　パブコメ通則編405・406では，以下の質問と回答がなされており，プラ

81　ガイドライン通則編3-7-2-3。

イバシーポリシーを活用した同意の取得方法もあり得ることになる。

> Q ＜意見＞個人関連情報の提供に関する同意取得の方法として「単に
> ウェブサイト上に本人に示すべき事項を記載するのみでは足りず，それ
> らの事項を示した上でウェブサイト上のボタンのクリックを求める方法
> 等によらなければならない。」と記載されているが，個人関連情報の提
> 供並びに提供先における利用目的及び態様についてプライバシーポリ
> シーに記載した上で，ウェブページの遷移にあたり当該プライバシーポ
> リシーのリンクを示すとともに，当該リンクに近接する位置に設置した
> ページ遷移用のボタンをクリックさせるような方法についても，当該同
> 意取得の方法として認められると考えてよいかお示しいただきたい。
> ＜理由＞同意取得にあたり，仮に，同意する，しないこと自体について
> 確認するボタンのクリックが必要だとすると，個人情報の第三者提供に
> おける同意取得の場合と比べてより制限的な方法となってしまうととも
> に，ウェブページの構成に影響が及ぶことから，そこまでの必要はない
> ことを確認したい。
> A 法26条の2（31条）1項1号の「本人の同意」を取得するにあたっ
> ては，本人が同意に係る判断を行うために必要と考えられる合理的かつ
> 適切な範囲の内容を明確に示した上で，本人の同意の意思を明確に確認
> することが必要となる。個別の事案ごとに判断することとなるが，本ガ
> イドライン（通則編）案3－7－2－3で例示した方法以外の方法で
> あっても，上記の要件を満たす限り，適切に同意を取得することができ
> ると考えられる。

なお，パブコメ通則編404では，本人がこれまで何に同意していて，何
に同意していないか判然としなくなるケースが想定されるが，これを本人
が確認する手段は定められているかとの質問に対して，本人がいかなる範
囲の個人情報の取扱いにすでに同意したかどうかを明らかにする義務はな
いものの，これを明らかにすることが望ましいとされている。

Q49　個人関連情報の提供に関する同意の確認方法

個人関連情報を提供する際，提供先で本人同意が得られていることをどのように確認するべきですか。

A 本人からどのように同意を取得したか，提供先の第三者から申告を受ける方法等により確認することになります。

解説···
1　同意の確認方法についての基礎[82]

本人から同意を得る主体は，原則として提供先の第三者となり，個人関連情報取扱事業者は，当該第三者から申告を受ける方法その他の適切な方法によって本人の同意が得られていることを確認することになる。提供先の第三者から申告を受ける場合，個人関連情報取扱事業者は，その申告内容を一般的な注意力をもって確認すれば足りる。

提供先の第三者において，複数の本人から同一の方式で同意を取得している場合，提供元はそれぞれの本人から同意が取得されていることを確認する必要があるが，同意取得の方法については，本人ごとに個別の申告を受ける必要はなく，複数の本人からどのように同意を取得したか申告を受け，それによって確認を行えば足りる。例えば，提供先のB社が，提供元のA社に対し，所定の方法で法26条の2（31条）1項1号の同意を取得した「本人」のIDのみをA社に提供すると事前に誓約し，その後，IDのリストをA社に提供した場合には，A社は，当該誓約およびIDのリスト

82　ガイドライン通則編3－7－3。

を確認することで，当該リストに掲載されたIDに係る「本人」各自から，法26条の2（31条）1項1号の同意を得ていることを，一括して確認したこととなる[83]。

　また，提供元の個人関連情報取扱事業者において，同意取得を代行する場合，当該同意を自ら確認する方法も「その他の適切な方法」による確認に該当する。

　第三者から申告を受ける方法に該当する事例としては，①提供先の第三者から口頭で申告を受ける方法，②提供先の第三者が本人の同意を得ていることを誓約する書面を受け入れる方法が挙げられる。

　また，その他の適切な方法に該当する事例としては，①提供先の第三者が取得した本人の同意を示す書面等を確認する方法，②提供元の個人関連情報取扱事業者において同意取得を代行して，当該同意を自ら確認する方法，が挙げられる。

　提供元および提供先間の契約等において，提供先が個人関連情報の取扱いにつき本人から同意を得る旨を定めたとしても，これのみをもって，提供元は，その提供する個人関連情報に係る各本人から同意を得ていることを確認したことにはならないと考えられる[84]。

　どのように同意を取得したかの申告を受けることにつき，個人情報保護法およびガイドラインに則して適切に同意を取得したという申告があり，特にそれを疑わせる事情がなければ，どのように同意を取得したか申告を受けたといってよいかについては，ただ抽象的に同意を取得した旨の申告を受けてこれを確認するだけでは足りず，具体的にどのように同意を取得したかの申告を受けてこれを確認することが必要であると考えられるとされている[85]。

83　委員会Q&A 8 -11。

84　パブコメ通則編411。

85　パブコメ通則編415。

また，委員会Q&A 8 – 12では，以下の事例が挙げられており，実務上参考になる。

Q　当社は，提供先の第三者が，IDおよびウェブサイトの閲覧履歴の取得につき包括的に本人の同意を得ていることを確認し，当該「本人」のIDおよびこれに紐付くウェブサイトの閲覧履歴を提供して，その記録を作成した。その後，当該第三者に対し，同一「本人」の以下の各個人関連情報を提供する場合，本人の同意が得られていることの確認を省略することができるか。
①IDと紐付く商品購買履歴
②IDと紐付くウェブサイトの閲覧履歴（当社が前回提供後に取得したもの）

A　提供元の個人関連情報取扱事業者は，確認事項につき，すでに確認を行った事項と内容が同一であるもの（当該確認について記録の作成および保存をしている場合に限る）については，その確認を省略することができる。①について，提供先における商品購買履歴の取得は，すでに確認した「本人の同意」の範囲に含まれていない（内容が同一でない）ため，商品購買履歴を提供するにあたっては，商品購買履歴の取得につき本人の同意が得られていることを確認する必要がある。②について，提供先がウェブサイトの閲覧履歴の取得につき包括的に（前回提供分に限定することなく）本人の同意を得ていることを前提とすると，提供先におけるウェブサイトの閲覧履歴の取得は，すでに確認した「本人の同意」の範囲に含まれている（内容が同一である）ため，その提供にあたっては，本人の同意が得られていることの確認を省略することができる。

2　第三者提供の本人の同意の確認のために，提供先が提供元にID等を提供する行為

　個人関連情報の第三者提供に関する本人の同意の取得を確認する方法として，個人関連情報の提供先である第三者から個人関連情報の提供元への申告がある。この申告に際し，個人関連情報の提供先が個人関連情報の提供元に，本人の同意を得ているID等を提供する行為は，個人データの第

三者提供に関するいわゆる提供元基準説に基づけば，ID等は，ID等の提供元（＝個人関連情報の提供先）にとっては，個人データとなるため，個人データの第三者提供に該当するものと考えられる。しかし，法26条の2（31条）1項の確認行為において必要となる情報のみを伝える場合には，「法令に基づく場合」（法23条（27条）1項1号）として許容されるものと解される[86]。

86　ガイドライン通則編3－7－3－1。

Q50 個人関連情報の外国にある第三者への提供

個人関連情報を外国にある第三者に提供するためには，どのような対応が必要ですか。

A 原則として，本人の同意が得られていることを確認するにあたって，当該同意が得られていることに加え，当該同意を得ようとする時点において規則所定の情報が本人に提供されていることを確認する義務があります。

解説

個人関連情報取扱事業者は，個人関連情報の提供先が外国にある第三者である場合には，法26条の2（31条）1項2号に基づき本人の同意が得られていることを確認するにあたって，当該同意が得られていることに加え，当該同意を得ようとする時点において，①当該外国の名称（規則11条の3（17条）2項1号関係），②適切かつ合理的な方法により得られた当該外国における個人情報の保護に関する制度に関する情報（規則11条の3（17条）2項2号関係），③当該第三者が講ずる個人情報の保護のための措置に関する情報（規則11条の3（17条）2項3号関係）が当該本人に提供されていることを確認しなければならない。これは，個人データの外国にある第三者提供に関する改正で同意時の情報提供義務が加重された（Q60）ことを反映するものである。

ただし，次の(i)または(ii)のいずれかに該当する場合には，本人の同意の取得時に上記の情報が提供されていることを確認する必要はない。

（i）　当該第三者が個人の権利利益を保護する上でわが国と同等の水準にあると認められる個人情報保護制度を有している国にある場合

（ii）　当該第三者が個人情報取扱事業者が講ずべき措置に相当する措置を継続的に講ずるために必要な体制（規則11条の2（16条）に定める基準）に適合する体制を整備している場合

　もっとも，上記(ii)の場合は，個人関連情報取扱事業者は，法26条の2（31条）2項により読み替えて準用される法24条（28条）3項（詳細については，Q63参照）に基づき，次の㋐および㋑の措置を講じなければならない。

㋐　当該第三者による相当措置の実施状況ならびに当該相当措置の実施に影響を及ぼすおそれのある当該外国の制度の有無およびその内容を，適切かつ合理的な方法により，定期的に確認すること（規則11条の4（16条）1項1号関係）

㋑　当該第三者による相当措置の実施に支障が生じたときは，必要かつ適切な措置を講ずるとともに，当該相当措置の継続的な実施の確保が困難となったときは，個人関連情報の当該第三者への提供を停止すること（規則11条の4（16条）1項2号関係）

Q51　個人関連情報と確認・記録義務

個人関連情報の提供元・提供先に確認・記録義務が課されますか。

A 提供元・提供先のそれぞれにおいて，様々な条文上の根拠に基づいて，確認・記録義務が課されます。

解説

1　提供元の義務

(1)　確認義務

個人関連情報の提供にあたっては，提供元には，法26条の2（31条）1項所定の確認義務がある（Q49）。

(2)　記録義務

法26条の2（31条）3項，法26条（30条）3項，規則18条の4（28条）により，提供元には記録義務がある。記録事項は，下表のとおりであり，記録保存期間は原則3年間である[87]。

提供元の記録事項	提供年月日（※1）	第三者の氏名等	本人の氏名等	個人データ（個人関連情報）の項目	本人の同意等（※2）
個人関連情報の第三者提供	○	○	－	○	○

87　ガイドライン通則編3-7-4。

（参考）本人の同意による第三者提供	−	○	○	○	○
（参考）オプトアウトによる第三者提供	○	○	○	○	−

（※1）記録を一括して作成する場合にあっては，当該提供の期間の初日および末日。

（※2）個人関連情報の第三者提供について，外国にある第三者への提供にあっては，法26条の2（31条）1項2号の規定による情報の提供についても記録する。

　個人関連情報の提供元の記録義務としては，本人の氏名等は不要であるため，以下のような記載例[88]となる。

【提供先：A株式会社（東京都千代田区○○・代表取締役△△）】

本人の同意が得られている旨を確認したこと	提供先であるA株式会社に，同社がユーザー登録の際に必要な情報を提供した上で，個人関連情報に係る本人の同意を取得している旨確認
個人関連情報を提供した年月日	令和2年10月1日〜令和2年10月30日
当該個人関連情報の項目	CookieID，ウェブサイトの閲覧履歴

　なお，ガイドライン確認・記録義務編2−2にある広範な解釈上の例外については，個人関連情報の提供の確認・記録義務については，援用されていないことには留意が必要である。

88　個人情報保護委員会「改正法に関連する政令・規則等の整備に向けた論点について（個人関連情報）」（令和2年11月20日）13頁の「（参考）記録のイメージ（提供先別に記録する場合）」。

2　提供先の義務

(1)　確認義務

　個人関連情報の提供先は，個人関連情報を個人データとして取得するので，個人データに関する受領者の確認義務（法26条（30条））がかかることになる。

　確認事項は，当該第三者の氏名または名称および住所ならびに法人にあっては，その代表者の氏名である（法26条（30条）1項1号）。

　なお，「当該第三者による当該個人データの取得の経緯」（法26条（30条）1項2号）については，提供元の個人関連情報取扱事業者において，提供する個人関連情報を個人データとして取得していないことから，提供先の個人情報取扱事業者における確認の対象とならない[89]。

(2)　記録義務

　提供先には，記録義務がある（法26条（30条）3項，規則17条（24条））。記録事項は下表のとおりであり，記録保存期間は原則3年間である[90]。

	提供を受けた年月日	第三者の氏名等	取得の経緯	本人の氏名等	個人データ（個人関連情報）の項目	個人情報保護委員会による公表	本人の同意等（※）
個人関連情報の提供を受けて個人データとして取得した場合	－	○	－	○	○	－	○
（参考）本人の同意による第三者提供	－	○	○	○	○	－	○

89　ガイドライン通則編3－7－5－1。
90　ガイドライン通則編3－7－7（3－7－6）。

（参考）オプトアウトによる第三者提供	○	○	○	○	○	○	－
（参考）私人などからの第三者提供	－	○	○	○	○	－	－

（※）個人関連情報の第三者提供について，外国にある第三者への提供にあっては，法26条の2（31条）1項2号の規定による情報の提供についても記録する。

　なお，ガイドライン確認・記録義務編2－2にある広範な解釈上の例外については，個人関連情報の提供先が個人データとして取得する場合についても，援用されていないことには留意が必要である。

3　第三者提供記録の開示請求との関係

　個人関連情報を第三者に提供した際に，提供元において作成する記録は，本人による開示請求の対象となる「第三者提供記録」（法28条（33条）5項）には該当しない。他方，個人関連情報の提供を受けて個人データとして取得した際に（つまり，提供元では個人関連情報であっても，提供先では個人データとなる場合に），提供先において作成する記録は，第三者提供記録に該当し，開示請求の対象となる[91]。

91　委員会Q&A9－14。

Q52　個人関連情報の提供先の義務

個人関連情報の提供先はどんな義務を負いますか。

A 確認に係る事項を偽ることの禁止，同意の取得義務，不正取得の禁止義務，確認・記録義務等があります。

解説

　個人関連情報の提供先は，個人データとして当該データを取得するため，個人情報に関する義務全般がこれにかかるが，特筆すべきものとして以下が挙げられる。

　個人関連情報取扱事業者には一定の事項について確認義務が課せられることになるが，提供先となる第三者は，個人関連情報取扱事業者が確認を行う場合において，当該個人関連情報取扱事業者に対して，当該確認に係る事項を偽ってはならない（法26条の2（31条）3項，法26条（30条）2項）。また，その前提として，提供先となる第三者においては，当該個人関連情報の本人から同意を得ることや，それが外国にある第三者である場合には，当該本人に対して必要な情報（Q50参照）を提供する必要があることになる。

　個人情報取扱事業者である提供先の第三者は，偽りその他不正の手段により，個人関連情報を個人データとして取得してはならないとされている[92]（法17条（20条）1項）。

　提供先の個人情報取扱事業者が偽りその他不正の手段により個人関連情報を個人データとして取得している事例としては，以下のものが挙げられ

92　ガイドライン通則編3-7-5-3。

る。

① 提供先の個人情報取扱事業者が，提供元の個人関連情報取扱事業者に個人
データとして利用する意図を秘して，本人の同意を得ずに個人関連情報を個
人データとして取得した場合
② 提供先の個人情報取扱事業者が，本人の同意を取得していないにもかかわ
らず，同意取得していると提供元の個人関連情報取扱事業者に虚偽の申告を
して，個人関連情報を個人データとして取得した場合
③ 提供元の個人関連情報取扱事業者が同意取得を代行することを念頭に，実
際には提供元の個人関連情報取扱事業者が適切に同意取得していない場合に
おいて，提供先の個人情報取扱事業者がこれを知り，または容易に知ること
ができるにもかかわらず，当該個人関連情報を個人データとして取得した場
合（提供元の個人関連情報取扱事業者が同意取得を代行する場合であっても，
提供先の第三者が同意取得の主体であることに変わりはないことから，提供
先の第三者は提供元の個人関連情報取扱事業者に適切に同意取得させなけれ
ばならないとされている[93]）

　さらに，提供先には，Q51の2に記載の確認・記録義務が課せられる。

---

[93] 前掲注77と同じ。

Q53 クッキー規制・ターゲティング広告規制の導入

改正法でいわゆるクッキー規制，ターゲティング広告規制が導入されたのでしょうか。

A クッキー全般，ターゲティング広告全般を広く規制するような改正はなされていませんが，個人関連情報の規制で一部のクッキー・ターゲティング広告は規制されると考えられます。

解説··

1　クッキーや広告ID等の端末識別子そのものの規制

クッキーについては，例えば，EUの一般データ保護規則（GDPR）においては，オンライン識別子として個人データの定義に含まれ，また，eプライバシー指令により，原則として，厳格必須クッキー以外のクッキーの取得にオプトインの個別同意（詳細は，後掲のコラムを参照）が要求されるなど，特に欧州では厳しく規制されている。

クッキーや広告ID等の端末識別子は，一般には，それ単体では個人識別性を有しないため，個人情報保護法上の個人情報とは解されない。したがって，これらの端末識別子単体には，個人情報を保護の対象とする個人情報保護法の規制は適用されないことになる（ただし，例えば，会員IDでログインしたユーザーとクッキーや広告ID等の端末識別子を紐付けて管理していれば容易照合性が認められ，これらの端末識別子も個人情報となる）[94]。

94　中間整理38頁・42頁。

この点について，中間整理では，クッキー等について，例えば，一定の要件に該当するものについて個人情報保護法上の個人識別符号とするなど，その位置づけを明確化することも考えられるが，クッキー等自体は「識別子」としてセッション管理を含め広範に用いられる技術であり，利用特性も多様であることから，現行法の規定に加えてクッキー等をあえて個別に規律する必要性を含め，慎重に検討する必要があるとされていた。

そして，改正法では，クッキーや広告ID等の端末識別子を個人識別符号にすることや，端末識別子に特化した規制を導入することは見送られた。

2 ターゲティング広告規制

ターゲティング広告とは，インターネットユーザーの登録情報，行動履歴情報，デバイス情報などで個人情報および個人情報以外のユーザーに関する情報を取得し，利活用した広告の配信等を指す[95]。ターゲティング広告の配信までの流れとしては，サイト訪問時に，クッキーや広告ID等と結びついた利用者のサイト訪問履歴等が取得され，広告配信に利用されるというものがある。例えば，属性ターゲティング広告，行動ターゲティング広告，リターゲティング広告，コンテンツターゲティング広告等が代表例とされる[96]。

上記のとおり改正法ではクッキーや広告ID等の端末識別子そのものの規制を導入することはせず，また，ターゲティング広告のみを対象とした規制が導入されたわけではない。しかし，ターゲティング広告を含むクッキーや端末識別子の利用の中には，個人関連情報の第三者提供規制が及ぶものがあると考えられる[97]。法26条の2（31条）で規制される「個人関連

---

[95] 中間整理37頁。
[96] 中間整理37～38頁参照。
[97] 個人関連情報の第三者提供規制は，クッキーや広告ID等の端末識別子に紐付く個人情報でないユーザーデータを用いたターゲティング広告のみを対象とする規制ではないが，典型的にはこれらの一部を規制しようとするものである。

情報」は，個人関連情報データベース等を構成するものに限られ，かつ，提供先において，個人データとして取得されることが提供元において想定されるものに限られている。

3　自主的なターゲティング広告規制

　個人情報保護法の規制は措くとしても，ターゲティング広告を含むクッキーの利用については，プライバシーの観点からの配慮が求められる。その際，日本インタラクティブ広告協会（JIAA）の「プライバシーポリシーガイドライン」における「インフォマティブデータ」（クッキー等の識別子情報や位置情報，閲覧履歴，購買履歴といったログ情報等の個人に関する情報で，個人を特定することができないもののプライバシー上の懸念が生じ得る情報）の扱いや「行動ターゲティング広告ガイドライン」等の自主的な業界ルールが参考になる[98]。近時，日本企業においても，実務上，クッキーポリシーを整備し，ターゲティング広告についても，積極的な情報開示をして，オプトアウトができる仕組みを導入することが増えている。

98　中間整理39頁・41頁。

―コラム―

欧州におけるクッキー規制

　欧州のeプライバシー指令の5条3項は，厳格必須クッキー[99]以外のクッキーの利用について，説明と同意を要求している。eプライバシー指令は，規則と異なり，EU加盟国に直接法令としての効力を有するものではなく，EU加盟国の各国において，指令に基づいて国内法が整備され，当該国内法が各国で法令としての効力を有している。なお，現在，欧州では，統一的なeプライバシー規則の制定が進んでいるが，未成立である[100]。

　eプライバシー指令は，GDPRの特則であり，上記の「同意」については，GDPR適用開始後は，GDPR上の「同意」を指すことになる。

　GDPR上は，同意は目的ごとの個別のオプトイン同意が求められ，サービスの利用との抱き合わせによる同意は認められず，撤回は自由に，かつ同意をするのと同程度に容易でなければならない。

　したがって，GDPR適用開始後は，いわゆる「クッキーウォール」の手法（クッキーの利用に同意しないとサービスが利用できないような仕様とすること）は認められず，「ゼロ・クッキーロード」（クッキーの利用についてオプトインで同意するまでクッキーを発火させないようにする仕様）が求められ，クッキーの目的ごとの個別同意が必要となる。フランスCNILの2020年10月1日付のクッキー同意に関する推奨事項によれば，すべての管理者名（サードパーティークッキーにおいて，サードパーティーが管理者である場合の当該サードパーティーの名称）の明示が必要とされる一方，管理者ごとに同意をとることはグッドプラク

99　例えば，フランスのデータ保護当局CNILの2020年10月1日付のクッキー同意に関する推奨事項では，厳格必須クッキーの例として，クッキーの利用についての同意／拒否の選択を記録するクッキー，ユーザーの認証のためのクッキー，買い物かごの中身を記録するためのクッキー，ユーザーインタフェイスのカスタマイズのためのクッキー，負荷を分散するためのクッキー，課金管理のためのクッキー等が挙げられている。

100　現在，欧州では，統一的なeプライバシー規則の制定が進んでいるが，規則案は複数回にわたり修正案が示されていたが，2021年2月10日に欧州理事会は加盟国が規則案に合意したことを公表した。現在立法手続が進められている。eプライバシー規則上も，クッキーについては，厳格必須クッキー等を除いて，8条において同意が要求されることになり，基本的な規制の枠組みには変更はない見込みである。

ティスだが，必須とはされていない。また，管理者の増加が軽微である場合には同意は不要だが，大幅に増えた場合は同意が必要とし，管理者リストに更新があったことの注意を喚起することがベストプラクティスとされる。

　なお，上記のCNILのクッキー同意に関する推奨事項によれば，同意の有効期間を適切な期間で更新することが推奨され，同意の有効期間は，同意が与えられた状況，同意の範囲，データ主体の期待等により決まるが，同意の有効期間は6カ月とするのがグッドプラクティスであるとされる。

　このような規制を厳格に遵守しようとすると，クッキーの同意・不同意をいつでも任意に管理できるようなクッキー同意ツールを導入し，クッキーポリシー等でクッキーに関する一覧表等を示すということが必要になってくる。

　従来は，ポップアップで簡易なクッキーバナーを表示して，それを無視していてもクッキーの発火は止めないという仕様が一般的であったが，GDPR上の同意の意義からすると，そのような仕様は本来許されないことになり，各国当局のクッキーに関するガイドライン等においてもそのことは明確にされている。

　クッキーについての執行事例は，従前は非常に少なかったが，今後は執行を強化することを各国当局が表明しており，実際に，上記の厳格な考え方に沿った執行事例も登場し始めているので，今後の動向の注視が必要である。

Q54 共同利用

共同利用についての改正点を教えてください。

A 共同利用に関して本人に通知等すべき事項が追加されました。

解説

1 現行法上の共同利用の要件

個人情報保護法上，個人データを第三者に提供する場合には，あらかじめ本人の同意を得なければならない（法23条（27条）1項）。しかし，個人情報取扱事業者が，特定の者との間で共同して個人データを利用する場合（共同利用）には，本人の同意を得ることなく，当該特定の者に個人データを提供することができるとされている。具体的には，特定の者との間で共同して利用される個人データを当該特定の者に提供する場合であって，次の①から⑤までの情報を，提供にあたってあらかじめ本人に通知し，または本人が容易に知り得る状態に置いているときは，当該提供先は，本人から見て，当該個人データを当初提供した事業者と一体のものとして取り扱われることに合理性があると考えられることから，法23条（27条）1項にいう「第三者」には該当しない（法23条（27条）5項3号）。

① 共同利用をする旨
② 共同して利用される個人データの項目
③ 共同して利用する者の範囲
④ 利用する者の利用目的
⑤ 当該個人データの管理について責任を有する者（管理責任者）の氏名または名称

2　本改正により追加された通知等事項

　本改正では，上記の5項目のうちの⑤に関して，当該個人データの管理責任者の氏名または名称だけでなく，住所および，それが法人である場合にはその代表者の氏名を，提供にあたってあらかじめ本人に通知し，または本人が容易に知り得る状態に置く必要があることになった（法23条（27条）5項3号）。本人が容易に知り得る状態に置くとは，例えば，本人が閲覧することが合理的に予測される個人情報取扱事業者のホームページにおいて，本人がわかりやすい場所（例：ホームページのトップページから1回程度の操作で到達できる場所等）に法定事項をわかりやすく継続的に掲載すること等を指す。実務上は，共同利用の公表事項から，会社概要ページの代表者名と住所が記載している箇所にリンクを貼っておくような対応が考えられる。

【追加された共同利用に関する通知等事項】

・管理責任者の住所
・管理責任者が法人である場合，その代表者の氏名

3　通知等事項に変更があった場合

　現行法では，共同利用する者の利用目的または個人データの管理責任者の氏名もしくは名称を変更する場合は，変更する内容について，あらかじめ，本人に通知し，または本人が容易に知り得る状態に置かなければならないが（法23条（27条）6項），上記のとおり項目が追加されたことで，管理責任者の氏名，名称もしくは住所または法人にあっては，その代表者の氏名や住所に変更があったときは，遅滞なく，共同利用する者の利用目的または管理責任者を変更しようとするときはあらかじめ，その旨について本人に通知し，または本人が容易に知り得る状態に置かなければならない

（法23条（27条）6項）。なお，「共同利用する者の利用目的」については，社会通念上，本人が通常予期し得る限度と客観的に認められる範囲内で変更することができる。

　例えば，A社・B社・C社の3社で個人データを共同利用しており，A社が管理責任者であった場合において，A社の名称が変更される場合のみならず，代表者が交代した場合，住所変更があった場合にも，遅滞なく，その旨について本人に通知し，または本人が容易に知り得る状態に置く必要がある。上記の会社概要ページへのリンクを貼る方法にしておけば，会社概要ページが更新されれば，共同利用に関する公表事項自体は変更不要となり，実務上対応がしやすいとは思われる。

コラム

共同利用（法23条（27条）5項3号）の解説および留意点

1　共同利用についての基本的事項

　個人情報保護法上，個人情報取扱事業者が，特定の者との間で共同して利用される個人データが当該特定の者に提供する場合であって，法23条（27条）5項3号に定める情報を，提供にあたってあらかじめ本人に通知し，または本人が容易に知り得る状態に置いているときには，当該提供先は，「第三者」に該当しないとされる（法23条（27条）5項3号）。これは，いわゆる「共同利用」と呼ばれる類型であるが，個人情報取扱事業者は，共同利用により，本人の同意を得ることなく，個人データを共同して利用する者に対して提供することができる。この「第三者」に該当しないとする趣旨も，Q46の2の委託と同様，個人データの提供先は個人情報取扱事業者とは別の主体として形式的には第三者に該当するものの，本人から見て，当該個人データを当初提供した事業者と一体のものとして取り扱われることに合理性があると考えられる点にある。したがって，共同利用の各要件は，この趣旨に沿った解釈がなされるべきである。

　共同利用に基づく提供にあたりあらかじめ本人に通知し，または，本人が容易に知り得る状態に置く情報とは，①共同利用する旨，②共同して利用される個人

データの項目，③共同利用する者の範囲，④利用する者の利用目的，⑤当該個人データの管理について責任を有する者の氏名または名称，の5項目である。個人情報取扱事業者は，個人データを共同利用しようとする際，上記の項目について，「あらかじめ」本人に通知し，または，本人が容易に知り得る状態に置く必要があるが，この「あらかじめ」とは個人データの共同利用が開始される前を意味する（委員会Q&A7－46）。そのため，個人情報取扱事業者は，当該個人データを取得する際に，共同利用する旨を本人に通知し，または本人が容易に知り得る状態に置いていなくても，共同利用を開始する際に上記対応をすることで，すでに取得している個人データを他の事業者と共同利用することができることになる。

2　共同利用の留意点

　ガイドライン通則編ではすでに特定の事業者が取得している個人データを他の事業者と共同して利用する場合には，①当該共同利用は，社会通念上，共同して利用する者の範囲や利用目的等が当該個人データの本人が通常予期し得ると客観的に認められる範囲内である必要がある。②その上で，当該個人データの内容や性質等に応じて共同利用の是非を判断し，すでに取得している事業者が法15条（17条）1項の規定により特定した利用目的の範囲で共同して利用しなければならないとされている[101]。

(1)　上記①について

　上記①は，共同利用が認められる趣旨が，本人から見て，当該個人データを当初提供した事業者と一体のものとして取り扱われることに合理性があると考えられる点にあることから，共同して利用する者の範囲や利用目的等についても，社会通念上，当該個人データの本人が通常予期し得ると客観的に認められる範囲内である必要があることを明確化したものである。これは，個人情報を取得した際に通知・公表している利用目的の内容や取得の経緯等に鑑みて，すでに特定の事業者が取得している個人データを他の事業者と共同して利用すること，共同して

101　ガイドライン通則編3－6－3。

利用する者の範囲，利用する者の利用目的等が，当該個人データの本人が通常予期し得ると客観的に認められるような場合をいう（委員会Q&A7-52）。

　この点について，まず，「共同して利用する者の範囲」は，あらかじめ本人に通知し，または，本人が容易に知り得る状態に置く必要があるところ，必ずしも事業者の名称等を個別にすべて列挙する必要はなく，例えば，「当社の子会社及び関連会社」と表記し，当該子会社および関連会社のすべてがホームページ上で公表されている場合や，「当社および有価証券報告書等に記載されている，当社の子会社」や「当社および有価証券報告書等に記載されている，当社の連結対象会社及び持分法適用会社」等と表記し，明確な外延を示すことも認められている（委員会Q&A7-54，金融分野ガイドライン11条4項。なお，「弊社が適当と認める者」というように外延が不明確な場合はこの要件を充たさないことは当然である）。ただし，この「共同して利用する者の範囲」は，事業者の名称等を個別にすべて列挙したり，明確な外延を示すだけで，必ずしも，本要件を充たすとは限らない。事業者の名称等を個別に列挙したり，明確な外延を示したとしても，「共同利用する者の範囲」が，多数に及ぶ場合や，全く異業種の事業者が含まれている場合等は，個人データを取得した際に，当該個人データの本人が通常予期し得るとは客観的に認められない場合もあり得ることに留意すべきである。

　また，「共同利用する者の範囲」は本人がどの事業者まで現在あるいは将来利用されるかを判断できる程度に明確にする必要がある（委員会Q&A7-50）。例えば，「当社の子会社および関連会社」と表記しても，しばらくして，全く無関係の業種の子会社および関連会社が極端に増えたといった例外的な場合等は，本要件を充たさないと判断される可能性もある。なお，個人情報取扱事業者が共同利用をする場合，1つの共同利用しかできないわけではなく，複数の共同利用を同時に行うことも可能である。ただし，事後的に「共同利用する者の範囲」を拡大する目的で，実質的に1つの共同利用をあえて別々の共同利用として実施することは，法が「共同利用する者の範囲」を「あらかじめ」本人に通知し，または，本人が容易に知り得る状態に置く趣旨に反し，認められないことに留意すべきである。この場合は，「共同利用する者の範囲」を変更するものであるから，法23条（27条）1項の本則に戻り，原則として本人の同意が必要となる。

　また，共同利用の利用目的は，すでに取得している事業者が法15条（17条）1項の規定により特定して利用目的の範囲で共同していなければならないところ，この利用目的は，同条2項の規定に従い変更した利用目的を含む。共同利用を開始する前に，法15条（17条）1項の規定により特定し，通知または公表等された利用目的は，自社内での利用を想定した記載になっていることが通例であると考えられるから，共同利用を開始する際には，必然的に法15条（17条）2項の要件を充たすかについての検討が必要となる。その場合には，変更後の利用目的が変更前の利用目的からみて，社会通念上，本人が通常予期し得る限度と客観的に認められる範囲内か否かを検討する必要がある。

(2)　上記②について

　上記②は，「当該個人データの内容や性質等に応じて共同利用の是非を判断」するというものであるが，上記(1)の判断を経て，共同利用する者の範囲や利用目的が，当該個人データの本人が通常予期し得ると客観的に認められる範囲内であるとしても，当該個人データの内容や性質，項目，取得の経緯等に応じて，その是非を判断することを求めるものである。具体的な例としては，「防犯目的のために取得したカメラ画像・顔認証データを共同利用しようとする場合には，共同利用されるカメラ画像・顔認証データ，共同利用する者の範囲を目的の達成に照らして真に必要な範囲に限定することが適切である」「防犯目的の達成に照らし，共同利用される個人データを必要な範囲に限定することを確保する観点からは，例えば共同利用するデータベースへの登録条件を整備して犯罪行為や迷惑行為に関わらない者の情報については，登録・共有しないことが必要」であること（委員会Q&A7-50）が挙げられている。

　また，個人情報保護法上，共同利用は，事業者単位で個人データを提供することを可能とするものであるから，全国に複数の店舗を有する事業者との間で共同利用をする場合，全国規模で個人データが利用される結果となる。しかし，共同利用する者の範囲を目的の達成に照らして真に必要な範囲に限定する観点からは，全国の店舗ではなく，一部の地域での利用に限定する等，共同利用の必要性・相当性に配慮した取扱いが望まれる。

さらに，本人の予測可能性に配慮し，共同利用を開始する前に相当の告知期間を設けた上で，共同利用を開始した時点以降に取得した個人データのみを共同利用の対象とすることや，本人から任意のオプトアウトに応じる手続を設けること等も望ましい対応の１つである。

第6章

ペナルティのあり方

Q55 違反した場合のペナルティ

個人情報保護法に違反した場合のペナルティに改正はありますか。

A 罰則の法定刑の引上げに加え，法人重科規定が導入されました。

解説

1 命令違反に対する罰則の法定刑の引上げと法人重科規定

個人情報保護委員会による命令に違反した行為者に対する法定刑は最大で6カ月以下の懲役または30万円以下の罰金であった。しかし，改正法では，法定刑は1年以下の懲役または100万円以下の罰金とされ，行為者に対する罰則の法定刑が引き上げられた（法83条（173条））。

また，法人重科規定が導入されるため，個人情報保護委員会による命令に違反した場合の法人に対する罰金の最高額は1億円となった（法87条（179条）1項1号）。これは，改正前においても，法人に対して両罰規定を設けていたが，個人情報取扱事業者の中には，十分な資力を持つ者も含まれており，法人に対して，改正前のように行為者と同額の罰金を科したとしても，罰則として十分な抑止効果を期待できないことから，法人処罰規定に係る重科が導入されたものである[1]。

罰則関係の施行日は，2020年12月12日であり，すでに施行済みである（附則1条）。

2 虚偽報告等の罰則の法定刑の引上げ

さらに，改正前では，個人情報取扱事業者等に対して個人情報保護委員

---

1 大綱27頁。

会が報告を求めた際または立入検査を行った際に，虚偽の応答を行い，または報告もしくは検査を拒否した者に対しては，30万円以下の罰金に処することとされているが，改正法では罰則は50万円以下の罰金に引き上げられた（法85条（177条））。この罰金刑の金額は，法人の場合も同様である（法87条（179条）1項2号）。

3　実務への影響

　上記のとおり，厳罰化されていることは確かであるが，そもそも，個人情報保護法では，個人情報保護委員会によりこれまで命令が発令されたことは一度もなく（最も厳しくて勧告であり，多くは行政指導にとどまる），今回の厳罰化したペナルティの実効性は今後の運用にかかっているといえる。

Q56　罰金以外のペナルティ

罰金以外のペナルティはあるのですか。

 A 個人情報保護委員会が命令違反の事実を公表することができる
規定が新設されました。

解説...............

　改正法では，個人情報保護委員会により命令を受けた事業者が当該命令
に違反したときは，個人情報保護委員会は命令違反の事実を公表すること
ができるという規定が新設された（法42条（145条）4項）。また，改正法
では，日本国内にある者に係る個人情報等を取り扱う外国事業者を罰則に
よって担保された報告徴収・命令の対象とされたことから（法75条（166
条）），外国事業者であっても，個人情報保護委員会による命令に従わな
かった場合には，上記の公表の対象となる。

　この命令に従わなかったことによる公表は制裁的目的を有するものと考
えられる。一方で，個人情報保護委員会は，行政指導や勧告を行った場合
においてその事実を公表することがあるが，これらは制裁的な目的を有す
るものではないから，個人情報保護法上の根拠規定なく行われている。

Q57　課徴金（制裁金）の導入の見送り

　日本でも，欧州の一般データ保護規則（GDPR）のように制裁金（課徴金）を導入すべきという話があったかと思いますが，今回の改正では制裁金（課徴金）は導入されなかったのでしょうか。

A　今回の改正では課徴金（制裁金）の導入は見送られました。

解説

　日本では，罰則は，あくまで命令違反の場合にのみ科されており，その金額も非常に少額であり，かつ，実際には，これまで命令が発令された例が皆無であるため，その制裁の実効性に疑問を呈する意見もあった。

　例えば，欧州の一般データ保護規則（GDPR）では，最大2,000万ユーロ以内または前年度の全世界総売上高の4％のうち高いほうを上限とする極めて高額な課徴金（制裁金）が科され得ることが規定されるなど，諸外国では高額の制裁金により法令遵守を促す例が増えている。

　しかし，中間整理では，以下のとおり，制裁金の導入には慎重な検討が必要であるとの見解が示されていた。

【中間整理における課徴金に関する個人情報保護委員会の見解】

> 　課徴金の導入や罰則の引上げなどのペナルティ強化については，個人の権利利益の保護に資するとの見方がある一方で，事業者の過度な萎縮を招き，ひいては創意工夫や技術革新の果実を国民が十分に享受できなくなる可能性があるとの見方もあり，ペナルティの相当性についての比較衡量が必要である。

　加えて，改正個人情報保護法では，いわゆる5,000件要件[2]が撤廃されたこともあり，事実上全国民がステークホルダーとなる裾野の広い法律となったため，ペナルティも，国内の中小事業者も含めて広範囲に適用対象になり得ることに留意が必要である。その影響の大きさに鑑み，立法事実を精査の上，議論する必要がある。

　課徴金制度について導入を求める意見もあるが，我が国他法令における立法事例の分析も併せて行う必要がある。また，目的達成のための手段として，罰則の強化や，勧告措置や外国当局との執行協力で担保されている現行の域外適用の仕組みでは果たして不十分なのか，罰則とは別に課徴金を導入する必要があるのかについても，様々な観点から検討する必要がある。

　そして，今回の改正でも，課徴金（制裁金）の導入は見送られ，罰則の強化にとどめられた。

2　平成27年改正前は「その取り扱う個人情報の量及び利用方法からみて個人の権利利益を害するおそれが少ないものとして政令で定める者」を「個人情報取扱事業者」の範囲から除外していた。これに基づき，保有する個人情報の数が5,000件を超えない小規模事業者は個人情報取扱事業者から除外され，個人情報保護法の適用も除外された（いわゆる5,000件要件）。しかし，平成27年改正によってこの規定は削除され，上記適用除外は廃止された。

第7章

法の域外適用・越境移転のあり方

Q58 外国にある事業者への規制

外国にある事業者に関する規制についての改正点を教えてください。

 A 域外適用の範囲が拡大され，また，外国にある第三者への個人データの提供制限の強化がされました。

解説

改正法では，外国にある事業者に関する規制について，域外適用の範囲が拡大され，また，外国にある第三者への個人データの提供制限の強化がなされた。

1　域外適用の範囲の拡大

まず，域外適用の範囲が拡大し，日本国内にある者に係る個人情報または匿名加工情報を取り扱う外国の事業者が，個人情報保護委員会による報告徴収および命令の対象となった（法75条（166条））。また，事業者が命令に従わなかった場合には，その旨を個人情報保護委員会が公表できることとした（法42条（145条）4項）。詳細はQ59を参照。

2　外国にある第三者への提供規制の強化

次に，外国にある第三者への個人データの提供規制については，個人情報の越境移転の多様化に伴い，本人の適切な理解と関与を可能とし，個人情報取扱事業者による個人情報の適正な取扱いを促す観点から，規制を強化した。詳細はQ60以下を参照。

Q59　域外適用の範囲

域外適用の範囲の改正点について教えてください。

A 個人情報を直接取得して取り扱う場合に限られず，本人以外の第三者から提供を受けた場合にも域外適用がされるようになりました。また，個人情報保護委員会が外国にある個人情報取扱事業者に対しても報告徴収および立入検査ならびに命令を行えるようになりました。

解説

1　現行法上の域外適用規定

現行法では，外国にある個人情報取扱事業者のうち，日本の居住者等国内にある者に対して物品やサービスの提供を行い，これに関連してその者を本人とする個人情報を取得した者が，外国においてその個人情報または当該個人情報を用いて作成した匿名加工情報を取り扱う場合には，当該外国にある個人情報取扱事業者に対して，個人情報保護法の一部の規定[1]（後述）が適用される（法75条（166条））。ただし，報告徴収および立入検査ならびに命令に関する規定は，外国にある個人情報取扱事業者に適用されない。そのため，現行法上は，個人情報保護委員会が，域外適用の対象となる外国にある個人情報取扱事業者に対して行使できる権限は，指導および助言ならびに勧告のような強制力を伴わない権限にとどまっており，報告徴収および立入検査ならびに命令を行うことはできないこととなっている。

1　現行法では，75条の要件を充足する，外国にある個人情報取扱事業者には，個人情報保護法のうち，15条，16条，18条（2項を除く），19条から25条まで，27条から36条まで，41条，42条1項，43条および76条の規定のみが適用されるものと定められている。

　現行法上の域外適用規定においては，上記のとおり，個人情報保護委員会の権限が限定されていたため，外国における漏えい等の事案に対して，同委員会が適切に対処できないおそれがあった。また，法の規定が適用される者が限定されていたため，国内の事業者と外国の事業者との間で公平に法が適用されないとの指摘があった[2]。

2　改正法による域外適用の範囲の拡大

　まず，改正法により，域外適用の対象となる場合は，外国にある個人情報取扱事業者等が，日本の居住者等国内にある者に対する物品または役務の提供に関連して，国内にある者を本人とする個人情報，当該個人情報として取得されることとなる個人関連情報または当該個人情報を用いて作成された仮名加工情報もしくは匿名加工情報を本人から直接取得した場合に限られず，本人以外の第三者から提供を受けた場合も含まれることとなった[3]。

　外国で活動する事業者だが，日本国内の事業者から，日本国内のユーザー向けのアプリの開発・運営のため，日本国内のユーザーを本人とする個人データの取扱いの委託を受けた場合は，外国の事業者が委託に伴って取得した個人データの取扱いについても，個人情報保護法が適用されるものとされる[4]。

　次に，改正法により，外国にある個人情報取扱事業者に対して，一部の規定に限定せず，個人情報保護法のすべての規定が適用されることになっ

---

[2]　一問一答94頁。

[3]　ガイドライン通則編 8。域外適用の対象となる事例は拡大したが，例えば，外国にある親会社が，グループ会社の従業員情報の管理のため，日本にある子会社の従業員の個人情報を取り扱う場合は，域外適用の対象とはならない。従業員情報の管理は国内にある者に対する物品または役務の提供に関連するとはいえないからである。その代わり，日本にある子会社が外国にある親会社に対して従業員の個人データを提供するためには，法24条（27条）に従い，本人の同意を取得するなど外国にある第三者に個人データを提供するための措置を講ずる必要がある。

[4]　委員会Q&A11-4。

た（法75条（166条））。

　これにより，個人情報保護委員会は，外国にある個人情報取扱事業者にも，罰則による強制力を伴う報告徴収および立入検査ならびに命令を行うことができるようになる。また，当該事業者が個人情報保護委員会による命令に従わなかった場合には，その旨を同委員会が公表できることとし（法42条（145条）4項），命令の実効性を担保することとした。

　しかし，外国主権との関係もあることから，現実には，他国の同意がない限り，他国領域内における公権力の行使はできないため，必要に応じて，外国当局の執行協力を得ていくとされている[5]。そのため，例えば，個人情報保護委員会事務局の職員が外国にある個人情報取扱事業者の事業所に直接，立入検査を実施するというよりは，外国当局職員の協力を得て実施することが想定される。

3　実務上の影響

　このように条文上，外国にある個人情報取扱事業者に対しても報告徴収および立入検査ならびに命令を行えることが明確となったが，従前も，強制力を伴う措置がないからといって，日本の個人情報保護法が外国にある個人情報取扱事業者に全く無視されてきたというような実態はないと思われる。したがって，個人情報保護法違反があった場合に，個人情報保護委員会側の対応が変わる可能性はあっても，従前から適切な個人情報保護法対応をしてきた外国にある個人情報取扱事業者にとっては，特段の実務上の影響はないといえる。

　なお，改正法においても，域外適用の対象となる外国事業者に対し，事前に国内で代理人を選任させることを一律に義務づけられるわけではない。もっとも，個人情報保護委員会の監督権限を実行的に行使し，円滑かつ迅

　5　大綱29頁。なお，個人情報保護委員会は外国執行当局に対し，その職務の遂行に資すると認める情報の提供を行うことができる（法78条1項）。

速に執行を行うために必要と認める場合には，個別の事案において，同委員会との連絡窓口となる者を国内に選任するよう指導・助言することがあり得るとされている[6]。また，個人情報取扱事業者は，法20条（23条）の規定により安全管理措置義務として漏えい等の事案に対応する体制を整備する必要があることから，実際に漏えい等が発生している場合において，同委員会と緊密に連絡をとりながら事態に対処させる必要があるときは，同委員会との連絡窓口となる者を国内に選任するよう命ずることもあり得るとされている[7]。

6　一問一答97頁。
7　上掲注6と同じ。

Q60　外国にある第三者への個人データの移転規制

外国にある第三者への個人データの移転規制の改正点を教えてください。

A 外国にある第三者への個人データの提供を同意を根拠として行う場合には，情報提供の充実が義務づけられました。また，基準適合体制の整備を根拠として行う場合には，継続的な対応と本人から求められた場合の情報提供が義務づけられました。

解説

1　現行法上の外国にある第三者への提供規制

　現行法においては，個人情報取扱事業者は，個人データを外国にある第三者に提供するにあたっては，法24条（28条）に従い，以下の①から③までのいずれかに該当する場合を除き，あらかじめ「外国にある第三者への個人データの提供を認める旨の本人の同意」を得る必要がある。

① 当該第三者が，わが国と同等の水準にあると認められる個人情報保護制度を有している国として個人情報保護法施行規則で定める国にある場合[8]

---

8 本書執筆時点において，この規則で定める国は，アイスランド，アイルランド，イタリア，英国，エストニア，オーストリア，オランダ，キプロス，ギリシャ，クロアチア，スウェーデン，スペイン，スロバキア，スロベニア，チェコ，デンマーク，ドイツ，ノルウェー，ハンガリー，フィンランド，フランス，ブルガリア，ベルギー，ポーランド，ポルトガル，マルタ，ラトビア，リトアニア，リヒテンシュタイン，ルーマニアおよびルクセンブルクである（「個人の権利利益を保護する上で我が国と同等の水準にあると認められる個人情報の保護に関する制度を有している外国等」（平成31年個人情報保護委員会告示第1号））。

② 当該第三者が，個人情報取扱事業者が講ずべき措置に相当する措置（相当措置）を継続的に講ずるために必要な体制として規則で定める基準に適合する体制（基準適合体制）を整備している場合

③ 法23条（27条）1項各号に該当する場合

2 改正法による規制強化

現行法では，上記のとおり，個人情報取扱事業者が外国に個人データを提供できる場合を一定の場合に制限しているものの，その規制の対象は個人データの移転元である国内事業者であることから，当該規制によって近年の移転先における状況の多様性に起因するリスクに対応するためには，移転元の事業者やその事業者が置かれている外国の状況について必要最低限の留意を求める必要がある[9]。そこで，改正法では，移転先事業者における個人情報の取扱いに関する本人への情報提供の充実を求める観点から，移転の根拠に応じて，以下の要件が追加される。

(1) 本人の同意を根拠とする場合

個人情報取扱事業者が，本人の同意を根拠に外国にある第三者へ個人データを提供する場合，事業者は事前に以下の規則11条の3（17条）2項から4項までの規定により求められる情報を本人に対して提供する義務を負う（法24条（28条）2項，規則11条の3（17条）2項）。

① 当該外国の名称

② 適切かつ合理的な方法により得られた当該外国における個人情報の保護に関する制度

③ 当該第三者が講ずる個人情報の保護のための措置に関する情報

---

9 大綱30頁。

　上記①から③に関して，どの程度の情報を，どのように，どの程度詳細に提供すれば当該義務を履行したことになるかについては，Q61を参照。なお，同項の規定は，個人情報取扱事業者が新法の施行日以降に法24条（28条）1項の規定により本人の同意を得る場合に適用される（附則4条1項）。

(2)　基準適合体制の整備を根拠とする場合

　相当措置を継続的に講ずるために必要なものとして個人情報保護委員会規則で定める基準に適合する体制を整備していることを根拠に，外国にある第三者に個人データを提供した場合，事業者は下記①および②の対応をする義務を負う（法24条（28条）3項）。

　①　移転先事業者による相当措置の継続的な実施を確保するために必要な措置を講じる
　②　本人の求めに応じて，当該必要な措置に関する情報を本人に提供すること

　相当措置を継続的に講ずるために必要なものとして個人情報保護委員会規則で定める基準に適合する体制を整備していることを根拠に，外国にある第三者に個人データを提供する場合，提供元と提供先間の契約，確認書，覚書等により，個人情報保護法第4章第1節の規定の趣旨に沿った措置の実施を確保する必要がある（法24条（28条），規則11条の2（16条））。法24条（28条）3項で講じる義務のある移転先事業者による相当措置の継続的な実施を確保するために必要な措置として，個人情報取扱事業者は，次の措置を講じなければならない（規則11条の4（18条）1項）。

　①　当該第三者による相当措置の実施状況ならびに当該相当措置の実施に影

響を及ぼすおそれのある当該外国の制度の有無およびその内容を，適切かつ合理的な方法により，定期的に確認すること

② 当該第三者による相当措置の実施に支障が生じたときは，必要かつ適切な措置を講ずるとともに，当該相当措置の継続的な実施の確保が困難となったときは，個人データ（法26条の2（31条）2項において読み替えて準用する場合にあっては，個人関連情報）の当該第三者への提供を停止すること

　上記の対応の詳細は，Q63を参照されたい。

　また，法24条（28条）3項の規定は，個人情報取扱事業者が新法施行日以降に個人データを同項に規定する外国にある第三者に提供した場合について適用される（附則4条2項）。

Q61　本人から同意を得る方法

現在，本人から同意を得て外国にある第三者に個人データを提供しているのですが，改正法により，本人から同意を得る方法に変更はありますか。

A 本人から有効な同意を得ようとする場合に本人に提供すべき情報が明確にされたことで，個人情報取扱事業者には相応に負担が増えると考えられます。

解説··

1　本人から同意を得ようとする場合に提供すべき情報

改正法により，個人情報取扱事業者が本人の同意を得て，外国にある第三者へ個人データを提供する場合，事業者は事前に次の規則11条の3（17条）2項から4項までの規定により求められる情報を本人に対して提供する義務を負う（法24条（28条）2項，規則11条の3（17条））。

① 移転先国における個人情報の保護に関する制度

② 移転先事業者が講ずる個人情報の保護のための措置

③ その他当該本人に参考となるべき情報

2　提供の方法

本人に対する情報提供は，規則11条の3（17条）2項から4項までの規定により求められる情報を，電子メールの送付，書面交付，口頭説明，ホームページ掲載など，本人が確実に認識できると考えられる適切な方法で行わなければならない。なお，提供する情報は本人にとってわかりやす

いものであることが重要である[10]。

　これらの情報が掲載されたWebページが存在する場合に，当該WebページのURLを自社のホームページに掲載し，当該URLに掲載された情報を本人に閲覧させる方法も，「適切な方法」に該当すると考えられる。なお，この場合であっても，例えば，当該URLを本人にとってわかりやすい場所に掲載した上で，同意の可否の判断の前提として，本人に対して当該情報の確認を明示的に求めるなど，本人が当該URLに掲載された情報を閲覧すると合理的に考えられる形で，情報提供を行う必要があると考えられる[11]。

3　提供すべき情報（規則11条の3（17条）2項）

　法24条（28条）1項の規定により外国にある第三者への個人データの提供を認める旨の本人の同意を取得しようとする場合には，本人に対し，次の(1)から(3)までの情報を提供しなければならない。

(1) 「当該外国の名称」（規則11条の3（17条）2項1号関係）[12]

　提供先の第三者が所在する外国[13]の名称をいう。必ずしも正式名称を求めるものではないが，本人が自己の個人データの移転先を合理的に認識できると考えられる名称でなければならない。ここでいう「外国の名称」の情報提供においては，提供先の第三者が所在する外国の名称が示されていれば足り，それに加えて，当該第三者が所在する州等の名称を示すことまでは求められない。もっとも，個人データの越境移転に伴うリスクについて，本人の予測可能性を高めるという制度趣旨を踏まえると，例えば，州

10　ガイドライン外国第三者提供編5-1。

11　委員会Q&A12-10。

12　ガイドライン外国第三者提供編5-2(1)。

13　「外国」とは，本邦の域外にある国または地域をいう（法24条（28条）1項）。

法が主要な規律となっている等，州法に関する情報提供が本人の予測可能性の向上に資する場合には，本人に対して，提供先の外国にある第三者が所在する州を示した上で，州単位での制度についても情報提供を行うことが望ましい[14]。

同号の「当該外国の名称」における外国とは，提供先の第三者が個人データを保存するサーバーが所在する外国ではなく，提供先の第三者が所在する外国をいう[15]。

⑵ 「適切かつ合理的な方法により得られた当該外国における個人情報の保護に関する制度に関する情報」（規則11条の3（17条）2項2号関係）[16]

「当該外国における個人情報の保護に関する制度に関する情報」は，一般的な注意力をもって適切かつ合理的な方法により確認したものでなければならない。例えば，提供先の外国にある第三者に対して照会する方法や，わが国または外国の行政機関等が公表している情報を確認する方法が挙げられる[17]。

2021年9月17日に個人情報保護委員会事務局は，同年年内を目途に，次に掲げる国または地域の個人情報の保護に関する制度とわが国の個人情報保護法との間の本質的な差異の把握に資する一定の情報を公表する予定であるとしている[18]。

---

14 前掲注12と同じ。
15 政令・規則パブコメ281。
16 ガイドライン外国第三者提供編5－2⑵。
17 前掲注16と同じ。
18 個人情報保護委員会事務局「外国における個人情報の保護に関する制度等の調査について」（令和3年9月17日）。

> アラブ首長国連邦（連邦），アラブ首長国連邦（Abu Dhabi Global Market），アラブ首長国連邦（Dubai Healthcare City），アラブ首長国連邦（Dubai International Financial Centre），インド，インドネシア，ウクライナ，オーストラリア，カナダ，韓国，カンボジア，シンガポール，スイス，タイ，台湾，中国，トルコ，ニュージーランド，フィリピン，ブラジル，米国（連邦），米国（イリノイ州），米国（カリフォルニア州），米国（ニューヨーク州），ベトナム，香港，マレーシア，ミャンマー，メキシコ，ラオス，ロシア

　個人データの越境移転に伴うリスクについて，本人の予測可能性を高めるという制度趣旨に鑑み，「当該外国における個人情報の保護に関する制度に関する情報」は，提供先の第三者が所在する外国における個人情報の保護に関する制度と日本の個人情報保護法との間の本質的な差異を本人が合理的に認識できる情報でなければならず，具体的には，次の(ア)から(エ)までの観点を踏まえる必要がある[19]。

　なお，ここでいう「当該外国における個人情報の保護に関する制度」は，当該外国における制度のうち，提供先の外国にある第三者に適用される制度に限られ，当該第三者に適用されない制度は含まれない。

(ア)　当該外国における個人情報の保護に関する制度の有無

　提供先の第三者が所在する外国における制度に，当該第三者に適用される個人情報の保護に関する制度が存在しない場合，そのこと自体が個人データの越境移転に伴うリスクの存在を示すものであることから，個人情報の保護に関する制度が存在しない旨を本人に対して情報提供しなければならない[20]。

19　前掲注16と同じ。

20　提供先の第三者が所在する外国において，個人情報の保護に関する制度が存在する場合には，当該制度に係る法令の個別の名称を本人に情報提供することは求められないが，本人の求めがあっ

㈡　当該外国の個人情報の保護に関する制度についての指標となり得る情報の
存在

　提供先の第三者が所在する外国の個人情報の保護に関する制度について，
個人情報の保護の水準等に関する客観的な指標となり得る情報が存在する
場合，当該指標となり得る情報が提供されることにより，個人データの越
境移転に伴うリスクについての本人の予測可能性は一定程度担保されると
考えられる。したがって，この場合には，当該指標となり得る情報を提供
すれば足り，次の㈢に係る情報の提供は求められない。

　なお，当該指標となり得る情報の提供を行う場合，当該指標となり得る
情報が個人データの越境移転に伴うリスクとの関係でどのような意味を持
つかについても，本人に対して情報提供を行うことが望ましい。

　当該外国の個人情報の保護に関する制度についての指標となり得る情報
に該当する事例としては，当該第三者が所在する外国がGDPR45条に基づ
く十分性認定の取得国であることや，APECのCBPRシステムの加盟国で
あることが挙げられる。

㈢　OECDプライバシーガイドライン8原則に対応する事業者の義務または本
人の権利の不存在

　提供先の第三者が所在する外国の個人情報の保護に関する制度に，
OECDプライバシーガイドライン8原則に対応する事業者の義務または本
人の権利が存在しない場合には，当該事業者の義務または本人の権利の不
存在は，日本の個人情報保護法との本質的な差異を示すものであることか
ら，その内容について本人に情報提供しなければならない。

　なお，提供先の第三者が所在する外国の個人情報の保護に関する制度に，
OECDプライバシーガイドライン8原則に対応する事業者の義務および本
人の権利がすべて含まれる場合には，その旨を本人に情報提供すれば足り

――――――――――――――――
　た場合に情報提供できるようにしておくことが望ましい。

る。

　OECDプライバシーガイドライン8原則に対応する事業者の義務または本人の権利の不存在に該当する事例としては，個人情報について原則としてあらかじめ特定した利用目的の範囲内で利用しなければならない旨の制限の不存在や，事業者が保有する個人情報の開示の請求に関する本人の権利の不存在が挙げられる。

㈡　その他本人の権利利益に重大な影響を及ぼす可能性のある制度の存在

　提供先の第三者が所在する外国において，日本の制度と比較して，当該外国への個人データの越境移転に伴い当該個人データに係る本人の権利利益に重大な影響を及ぼす可能性のある制度が存在する場合には，当該制度の存在について本人に情報提供しなければならない。

　本人の権利利益に重大な影響を及ぼす可能性のある制度に該当する事例としては，事業者に対し政府の情報収集活動への広範な協力義務を課すことにより，事業者が保有する個人情報について政府による広範な情報収集が可能となる制度がある場合や，事業者が本人からの消去等の請求に対応できないおそれがある個人情報の国内保存義務に係る制度がある場合が挙げられる。

⑶　「当該第三者が講ずる個人情報の保護のための措置に関する情報」（規則11条の3（17条）2項3号関係）[21]

　個人データの越境移転に伴うリスクについて，本人の予測可能性を高めるという制度趣旨に鑑み，「当該第三者が講ずる個人情報の保護のための措置に関する情報」は，当該外国にある第三者が講ずる個人情報の保護のための措置と日本の個人情報保護法により個人データの取扱いについて個人情報取扱事業者に求められる措置との間の本質的な差異を本人が合理的

21　ガイドライン外国第三者提供編5－2⑶。

に認識できる情報でなければならない。

　具体的には，当該外国にある第三者において，OECDプライバシーガイドライン8原則に対応する措置（本人の権利に基づく請求への対応に関する措置を含む）を講じていない場合には，当該講じていない措置の内容について，本人が合理的に認識できる情報が提供されなければならない。例えば，提供先の第三者が利用目的の通知・公表を行っていない場合は，「提供先が，概ね個人データの取扱いについて我が国の個人情報取扱事業者に求められる措置と同水準の措置を講じているものの，取得した個人情報についての利用目的の通知・公表を行っていない」旨の情報提供を行うことが求められる。

　ガイドライン上は，「提供先の外国にある第三者が，OECDプライバシーガイドライン8原則に対応する措置を全て講じている場合には，その旨を本人に情報提供すれば足りる」とされている[22]が，「OECDプライバシーガイドライン8原則」という用語に言及することは必須ではないと思われる。したがって，例えば，「提供先が，個人データの取扱いについてわが国の個人情報取扱事業者に求められる措置と同水準の措置を講じている」旨の情報提供を行うことでもよいと思われる。

4　現行法上の「本人の同意」の解釈と改正による変更点

　「本人の同意」とは，本人の個人データが，個人情報取扱事業者によって第三者に提供されることを承諾する旨の本人の意思表示をいう。また，「本人の同意を得（る）」とは，本人の承諾する旨の意思表示を当該個人情報取扱事業者が認識することをいい，事業の性質および個人情報の取扱状況に応じ，本人が同意に係る判断を行うために必要と考えられる合理的かつ適切な方法によらなければならない。この方法には，提供先の国または

22　ガイドライン外国第三者提供編5－2⑶なお書。

地域名（例：米国，EU加盟国）を個別に示す方法，実質的に本人からみて提供先の国名を特定できる方法（例：本人がサービスを受ける際に実質的に本人自身が個人データの提供先が所在する国等を決めている場合），国名等を特定する代わりに外国にある第三者に提供する場面を具体的に特定する方法などが含まれ得るとされていた[23]。

　このように現行法上は，外国にある第三者に個人データを提供するにあたって本人の同意を得る際，必ずしも提供先の国または地域名を個別に示す必要がないこともあり得たが，改正法では上記のとおり，提供すべき情報が拡充された。

　従前，同意を根拠に個人データを外国にある第三者に提供してきた事業者にとっては，相応に負担が増えることになると思われる。なお，同項の規定は，個人情報取扱事業者が改正法の施行日以降に法24条（28条）1項の規定により本人の同意を得る場合に適用される（附則4条1項）ため，改正法の施行日前にすでに同意取得済みであれば，改めて同意を取得し直す法的義務はないことになる。

23　現行法委員会Q&A9－2。

Q62　移転先の外国の名称が特定できない場合等

同意を得ようとする時点において移転先の外国の名称が特定できない場合にはどうすればよいですか。

A 移転先の外国の名称が特定できないことおよびその理由と移転先の外国の名称の代わりに本人に参考となる情報がある場合には，当該情報を提供することになります。

解説

同意を得ようとする時点において，Q61の3(1)移転先の外国の名称が特定できない場合には，Q61の3(1)および(2)に代えて，以下の事項につき情報提供する（規則11条の3（17条）3項）。

(a)　移転先の外国の名称が特定できないことおよびその理由
(b)　上記(a)の移転先の外国の名称の代わりに本人に参考となる情報がある場合には，当該情報

(a)については，情報提供に際しては，どのような場面で外国にある第三者に個人データの提供を行うかについて，具体的に説明することが望ましい[24]。

(b)については，本人への情報提供が求められる制度趣旨を踏まえつつ，個別に判断する必要があるが，例えば，移転先の外国の範囲が具体的に定

24　ガイドライン外国第三者提供編5－3－1。

まっている場合における当該範囲に関する情報（候補となる外国の名称）
は，ここでいう「提供先の第三者が所在する外国の名称に代わる本人に参
考となるべき情報」に該当する[25]。

　提供先の第三者が所在する外国を特定できない場合に該当する事例とし
ては，以下が挙げられる[26]。

① 　日本にある製薬会社が医薬品等の研究開発を行う場合において，治験責
　　任医師等が被験者への説明および同意取得を行う時点では，最終的にどの
　　国の審査当局等に承認申請するかが未確定であり，当該被験者の個人デー
　　タを移転する外国を特定できない場合
② 　日本にある保険会社が保険引受リスクの分散等の観点から外国の再保険
　　会社に再保険を行う場合において，日本にある保険会社による顧客からの
　　保険引受および同意取得の時点では，最終的にどの再保険会社に再保険を
　　行うかが未確定であり，当該顧客の個人データを移転する外国を特定でき
　　ない場合

　また，例えば，一定の具体的な目的の下に個人データの取扱いを外国に
ある第三者に委託する予定であるものの，本人の同意を得ようとする時点
において，委託先が具体的に定まっていない等により，提供先の第三者
が所在する外国が特定できない場合も該当し得る[27]。この場合であっても，
特定や情報提供できない旨およびその具体的な理由（委託先が定まる前に
本人の同意を得る必要性を含む）を情報提供するとともに，提供先の第三
者が所在する外国の範囲を特定できる場合の当該範囲に関する情報など，
外国の名称に代わる本人に参考となるべき情報の提供が可能である場合に

25　前掲注24と同じ。
26　前掲注24と同じ。
27　委員会Q&A12-14。

は，当該情報を提供する必要がある。また，この場合は，基準適合体制の整備によることも考えられる。

　同意を得ようとする時点において，Q61の3⑶移転先の第三者が講ずる個人情報の保護のための措置に関する情報について情報提供できない場合には，当該情報に代えて，当該情報を提供できない旨およびその理由について情報提供しなければならない[28]。なお，情報提供に際しては，どのような場面で外国にある第三者に個人データの提供を行うかについて，具体的に説明することが望ましい。なお，同項の規定は，個人情報取扱事業者が改正法の施行日以降に法24条（28条）1項の規定により本人の同意を得る場合に適用される（附則4条1項）。

28　ガイドライン外国第三者提供編5－3－2。

Q63　基準適合体制の整備による移転

基準適合体制の整備による移転のためには何が必要でしょうか。

A 相当措置を継続的に講ずるために必要なものとして個人情報保護委員会規則で定める基準に適合する体制を整備していることを根拠に，外国にある第三者に個人データを提供した場合，事業者は下記①および②の対応をする義務を負います。

① 移転先事業者による相当措置の継続的な実施を確保するために必要な措置を講じること

② 本人の求めに応じて，当該必要な措置に関する情報を本人に提供すること

解説··

1　総　論

相当措置を継続的に講ずるために必要なものとして個人情報保護委員会規則で定める基準に適合する体制（基準適合体制）を整備していることを根拠に，外国にある第三者に個人データを提供した場合，事業者は次の①および②の対応をする義務を負う（法24条（28条）3項）。

① 移転先事業者による相当措置の継続的な実施を確保するために必要な措置を講じること

② 本人の求めに応じて，当該必要な措置に関する情報を当該本人に提供すること

提供先の外国にある第三者が基準適合体制の整備を根拠として個人デー

タを提供した場合，提供元の個人情報取扱事業者は，当該第三者において当該個人データの取扱いが継続する限り，法24条（28条）3項に基づく措置等を講ずる必要があり，かかる義務は，提供元の個人情報取扱事業者と当該第三者との間の契約等が解除された場合でも，免除されるものではない[29]。

2　相当措置の継続的な実施を確保するために必要な措置

　法24条（28条）3項で講じる義務のある移転先事業者による相当措置の継続的な実施を確保するために必要な措置として，個人情報取扱事業者は，次の措置を講じなければならない（規則11条の4（18条）1項）。

(ⅰ)　当該第三者による相当措置の実施状況ならびに当該相当措置の実施に影響を及ぼすおそれのある当該外国の制度の有無およびその内容を，適切かつ合理的な方法により，定期的に確認すること

(ⅱ)　当該第三者による相当措置の実施に支障が生じたときは，必要かつ適切な措置を講ずるとともに，当該相当措置の継続的な実施の確保が困難となったときは，個人データ（法26条の2（31条）2項において読み替えて準用する場合にあっては，個人関連情報）の当該第三者への提供を停止すること

(1)　相当措置の実施状況等に関する定期的な確認[30]

　「定期的に確認」とは，年に1回程度またはそれ以上の頻度で確認することをいう。

　相当措置の実施状況は，外国にある第三者に提供する個人データの内容や規模に応じて，適切かつ合理的な方法により確認する必要があるが，例

29　委員会Q&A12-15。

30　ガイドライン外国第三者提供編6-1。

えば，個人データを取り扱う場所に赴く方法，書面により報告を受ける方法またはこれらに代わる合理的な方法（口頭による確認を含む）により確認することが考えられる。

相当措置の実施状況の確認に該当する事例として，①外国にある事業者に個人データの取扱いを委託する場合において，提供元および提供先間の契約を締結することにより，当該提供先の基準適合体制を整備している場合は，当該契約の履行状況を確認すること，②同一の企業グループ内で個人データを移転する場合において，提供元および提供先に共通して適用されるプライバシーポリシーにより，当該提供先の基準適合体制を整備している場合は，当該プライバシーポリシーの履行状況を確認することが挙げられる。

また，外国にある第三者による相当措置の実施に影響を及ぼすおそれのある当該外国の制度の有無および内容は，一般的な注意力をもって適切かつ合理的な方法により確認する必要があるが，例えば，当該第三者に対して照会する方法や，日本または外国の行政機関等が公表している情報を確認する方法が考えられる。

相当措置の実施に影響を及ぼすおそれのある外国の制度に該当する事例として，①事業者に対し政府の情報収集活動への広範な協力義務を課すことにより，事業者が保有する個人情報について政府による広範な情報収集が可能となる制度，②事業者が本人からの消去等の請求に対応できないおそれがある個人情報の国内保存義務に係る制度，が挙げられる。

(2) 当該第三者による相当措置の実施に支障が生じたとき[31]

当該第三者による相当措置の実施に支障が生じたときは，必要かつ適切な措置を講ずるとともに，当該相当措置の継続的な実施の確保が困難と

---

31 前掲注24と同じ。

なったときは，個人データ（法26条の2（31条）2項において読み替えて準用する場合にあっては，個人関連情報）の当該第三者への提供を停止しなければならない（規則11条の4（18条）1項）。

　支障発生時の必要かつ適切な措置に該当する事例として，日本にある個人情報取扱事業者が提供先である外国にある事業者との間で委託契約を締結することにより，当該提供先の基準適合体制を整備している場合で，当該提供先が当該委託契約上の義務の一部に違反して個人データを取り扱っている場合に，これを是正するよう要請することが挙げられる。

　相当措置の継続的な実施の確保が困難となった場合に該当する事例として，①日本にある個人情報取扱事業者が提供先である外国にある事業者との間で委託契約を締結することにより，当該提供先の基準適合体制を整備している場合で，当該提供先が当該委託契約上の義務の一部に違反して個人データを取り扱っている場合に，これを是正するよう要請したにもかかわらず，当該提供先が合理的な期間内にこれを是正しない場合，②外国にある事業者において日本にある個人情報取扱事業者から提供を受けた個人データに係る重大な漏えい等が発生した後，同様の漏えい等の発生を防止するための必要かつ適切な再発防止策が講じられていない場合が挙げられる。

　一般に，提供先の第三者が所在する外国において，「相当措置の実施に影響を及ぼすおそれのある当該外国の制度」が存在する場合においても，当該制度の存在自体により，直ちに外国にある第三者による「相当措置の継続的な実施の確保が困難となった場合」に該当するものではなく，当該第三者による個人データの取扱状況や，当該制度の運用の状況等を踏まえて，外国にある第三者による相当措置の継続的な実施の確保が困難となったか否かを個別の事案ごとに判断する必要があると考えられる[32]。

32　委員会Q&A12-17。

　このような必要かつ適切な措置の一環として，当該提供先による相当措置の継続的な実施の確保が困難となり，すでに提供された個人データについて，日本の個人情報取扱事業者により個人データが取り扱われる場合に相当する程度の本人の権利利益の保護の確保が困難となった場合には，提供元の事業者は，当該提供先に対し，当該個人データの返還または削除を求める必要があると考えられる。なお，提供元の事業者が，当該提供先に対して法23条（27条）5項1号に基づいて個人データの取扱いの委託を行っている場合，当該提供先に対する監督義務を負うため（法22条（25条）），当該提供先による当該個人データの安全管理の確保が困難となっているにもかかわらず，提供元の事業者が当該提供先に対して当該個人データの返還または削除を求めない場合には，提供元の事業者の監督義務違反となる可能性がある[33]。

3　本人の求めに応じて，当該必要な措置に関する情報を本人に提供すること[34]

　本人から情報提供の求めがあったときには，本人に対し，遅滞なく，以下の(i)〜(vii)の事項につき情報提供しなければならない（規則11条の4（18条）3項）。

(i)　当該第三者による法24条（28条）1項に規定する体制の整備の方法

(ii)　当該第三者が実施する相当措置の概要

(iii)　1項1号の規定による確認の頻度および方法

(iv)　当該外国の名称

(v)　当該第三者による相当措置の実施に影響を及ぼすおそれのある当該外国の制度の有無およびその概要

33　委員会Q&A12-18。

34　ガイドライン外国第三者提供編6-2。

(vi)　当該第三者による相当措置の実施に関する支障の有無およびその概要

(vii)　(vi)の支障に対して1項2号の規定により当該個人情報取扱事業者が講ずる措置の概要

　ただし，情報提供をすることによって，業務の適正な実施に著しい支障を及ぼすおそれがある場合には，全部または一部の情報提供をしないことができる（規則11条の4（18条）3項ただし書）。その場合，本人に対して遅滞なくその旨を通知する義務がある（規則11条の4（18条）4項）。また，その理由を説明するよう努めなければならない（規則11条の4（18条）5項）。

　情報提供することにより当該個人情報取扱事業者の業務の適正な実施に著しい支障を及ぼすおそれがある場合に該当する事例としては，同一の本人から複雑な対応を要する同一内容について繰り返し情報提供の求めがあり，事実上問合せ窓口が占有されることによって他の問合せ対応業務が立ち行かなくなる等，業務上著しい支障を及ぼすおそれがある場合が挙げられる。

　「著しい支障を及ぼすおそれ」に該当する場合とは，個人情報取扱事業者の業務の実施に単なる支障ではなく，より重い支障を及ぼすおそれが存在するような例外的なときに限定され，単に開示すべき情報の量が多いという理由や，特定に手間や時間がかかるという理由のみでは，一般には，これに該当しないと考えられる[35]。

　基準適合体制を整備する方法についての情報提供に該当する事例として，日本にある個人情報取扱事業者が外国にある事業者に個人データの取扱いを委託する場合において，提供元および提供先間の契約を締結することにより，当該提供先の基準適合体制を整備している場合について，ガイドラ

35　委員会Q&A12-20。

インで以下の事例が紹介されている[36]。

(i) 当該第三者による法24条（28条）1項に規定する体制の整備の方法

（事例）「提供先との契約」である旨の情報提供を行うこと

(ii) 当該第三者が実施する相当措置の概要

　提供すべき情報は，個々の事例ごとに判断されるべきであるが，当該外国にある第三者において，法第4章1節（2節）の規定の趣旨に沿った措置がどのように確保されているかがわかるような情報を提供する必要がある。なお，個人情報取扱事業者が当該外国にある第三者との間で締結している契約等のすべての規定の概要についての情報提供を求めるものではない。

（事例）「契約において，特定した利用目的の範囲内で個人データを取り扱う旨，不適正利用の禁止，必要かつ適切な安全管理措置を講ずる旨，従業者に対する必要かつ適切な監督を行う旨，再委託の禁止，漏えい等が発生した場合には提供元が個人情報保護委員会への報告及び本人通知を行う旨，個人データの第三者提供の禁止等を定めている」旨の情報提供を行うこと

(iii) 1項1号の規定による確認の頻度および方法

　外国にある第三者による相当措置の実施状況の確認の方法および頻度と，当該相当措置の実施に影響を及ぼすおそれのある制度の有無およびその内容の確認の方法および頻度が異なる場合には，それぞれについて情報提供する必要がある。

（事例）①外国にある第三者による相当措置の実施状況についての確認の方法および頻度として「毎年，書面による報告を受ける形で確認している」旨の情報提供を行うこと

　　　　②　当該相当措置の実施に影響を及ぼすおそれのある制度の有無およ

36　前掲注34と同じ。

　　びその内容の確認の方法および頻度として「毎年，我が国の行政機関
　　等が公表している情報を確認している」旨の情報提供を行うこと

⒤　当該外国の名称

⒱　当該第三者による相当措置の実施に影響を及ぼすおそれのある当該外国
　　の制度の有無およびその概要

(事例)　①「事業者に対し政府の情報収集活動への広範な協力義務を課すこ
　　とにより，事業者が保有する個人情報について政府による広範な情報
　　収集が可能となる制度が存在する」旨の情報提供を行うこと

　　　　②「事業者が本人からの消去等の請求に対応できないおそれがある
　　個人情報の国内保存義務に係る制度が存在する」旨の情報提供を行う
　　こと

⒱ⅰ　当該第三者による相当措置の実施に関する支障の有無およびその概要

(事例)　「提供先が契約において特定された利用目的の範囲を超えて個人デー
　　タの取扱いを行っていた」旨の情報提供を行うこと

⒱ⅱ　⒱ⅰの支障に対して 1 項 2 号の規定により当該個人情報取扱事業者が講ず
　　る措置の概要

(事例)　①「提供先が契約において特定された利用目的の範囲を超えて個人
　　データの取扱いを行っていたため，速やかに当該取扱いを是正するよ
　　うに要請した」旨の情報提供を行うこと

　　　　②「提供先が契約において特定された利用目的の範囲を超えて個人
　　データの取扱いを行っていたため，速やかに当該取扱いを是正するよ
　　うに要請したものの，これが合理的期間内に是正されず，相当措置の
　　継続的な実施の確保が困難であるため，〇年〇月〇日以降，個人デー
　　タの提供を停止した上で，既に提供した個人データについて削除を求
　　めている」旨の情報提供を行うこと

Q64 同意と基準適合体制の整備の比較

同意と基準適合体制の整備ではどのような差異があるでしょうか。

A 同意については，同意取得の負担が重いものの，同意を取った後の負担は軽いといえます。基準適合体制の整備は，同意を取る負担はないものの，継続的な対応の負担が重いといえます。

解説

1 同意と基準適合体制の整備の比較

同意による場合には，本人が事前に個人データの越境移転に伴うリスクを認識できるよう，当該外国の個人情報の保護に関する制度について，わが国の法との本質的な差異を合理的に認識できる情報の提供が求められる（法24条（28条）2項，規則11条の3（17条）参照。Q61）。そのため，かかる情報提供が適切に行われていない場合には情報提供義務違反となる可能性があり，情報提供義務を果たすことが事業者にとっては負担となる。もっとも，Q61で前述したとおり，個人情報保護委員会が公表する情報を活用できる場合には，比較的対応はしやすいともいえる。

また，適切な情報提供を行った上で法24条（28条）1項に基づく本人の同意を取得して外国にある第三者に個人データを提供した後については，当該提供先による個人データの取扱いを確認する義務はない。そのため，当該提供先が，当該外国の政府による個人データの提供の要請に対応したことのみをもって提供元の事業者の法違反となるものではない[37]。この点において，同意によった場合は，同意取得時は負担が重いものの，同意を

---

37 パブコメ外国第三者提供編3。

取った後の負担は軽いといえる。

　他方，提供先の外国にある第三者が基準適合体制の整備を根拠として，本人の同意を得ずに当該提供先に対して個人データを提供した場合，その後も当該提供先による個人データの適正な取扱いが確保されるよう，当該提供先による相当措置の実施状況等の定期的な確認等が求められる（法24条（28条）3項，規則11条の4（18条）。Q63）。この場合，当該提供先において，外国の政府による要請に対応した個人データの提供が認められるか否かは，個人データの性質や提供の必要性（外国政府からの要請が外国の法令の要件を充たす適法なものかどうかの確認を含む）等を踏まえた個別の事案ごとの判断が必要であり，例えば，提供の必要性が認められないにもかかわらず，当該提供先が漫然と外国の政府に対して個人データの提供を行っている場合には，当該提供先による相当措置の実施に支障が生じていると評価される可能性がある[38]。このように，基準適合体制の整備は，同意の負担がない代わりに，継続的な負担は重いといえる。なお，改正事項ではないが，委託等の23条（27条）5項各号が適用できる場面を想定すると，基準適合体制の整備による場合は，確認・記録義務がかからない（25条（29条）1項ただし書，26条（30条）1項ただし書）のに対して，同意によると確認・記録義務がかかることになるという違いもある。

2　委託の場合の注意点

(1)　ガバメントアクセスとの関係

　提供元の事業者が，当該提供先に対して法23条（27条）5項1号に基づいて個人データの提供を行っている場合，当該提供先に対する監督義務を負う（法22条（25条））。上記のとおり，当該提供先において，外国政府による要請に対応した個人データの提供が認められるか否かは，個人データ

38　前掲注37と同じ。

の性質や提供の必要性等を踏まえた個別の事案ごとの判断が必要であり，当該提供先が提供の必要性が認められないにもかかわらず，漫然と外国の政府に対して個人データの提供を行っている等の場合には，提供元の事業者の監督義務違反となる可能性があることには留意が必要である[39]。

　例えば，委託元が国内の事業者である委託先に対して法23条（27条）5項1号に基づき個人データの取扱いを委託し，当該委託先が委託に伴って取得した当該個人データを，外国にある事業者に対して再委託に伴って再提供した場合には，法24条（28条）1項および2項の義務は，原則として当該委託先に課されると考えられるとされる。ただし，この場合でも，委託元は当該委託先に対する監督義務を負うため（法22条（25条）），当該委託先が再委託先に対して適法に個人データの提供を行っているか等を含め，当該委託先による個人データの取扱いについて，適切に把握し監督する必要があるとされる。この場合，委託元は本人から法24条（28条）3項に基づく情報提供の求めを受けた場合でも，これに応じる義務はないが，委託先との関係に鑑み，委託先に通知して対応を促すなど，必要な協力を行うことが望ましいと考えられるとされる[40]。

(2)　再委託との関係

　また，日本にある個人情報取扱事業者が外国にある事業者に個人データの取扱いの委託をする場面において，法24条（28条）の趣旨に沿った措置の実施が確保されているというためには，①当該外国にある事業者による個人データの第三者提供を禁止するか，または，②当該外国にある事業者からさらに外国にある第三者に個人データの取扱いが再委託される場合には，再委託先である外国にある第三者においても，法第4章1節（2節）の規定の趣旨に沿った措置の実施を確保する必要があるとされる。上記②

39　前掲注37と同じ。

40　パブコメ外国第三者提供編4。

のために日本にある個人情報取扱事業者が講ずべき措置は，個別の事案ごとに判断されるが，日本にある個人情報取扱事業者が委託先である外国にある事業者に対する監督義務（法22条（25条））を負っていること等も踏まえると，日本にある個人情報取扱事業者と委託先である外国にある事業者との間の委託契約において，再委託の場合における再委託先による法第4章1節（2節）の規定の趣旨に沿った措置の実施確保について規定することが望ましいと考えられるとされる[41]。

41　パブコメ外国第三者提供編30。

索　引

《著者紹介》

田中　浩之（たなか　ひろゆき）

森・濱田松本法律事務所　パートナー　弁護士，ニューヨーク州弁護士
2004年慶應義塾大学法学部法律学科卒業，2006年慶應義塾大学大学院法務研究科修了，2007年弁護士登録，2013年ニューヨーク大学ロースクール修了，2014年クレイトンユッツ法律事務所出向。個人情報保護法の平時・有事対応および欧州GDPR・米国CCPA等のグローバルデータ保護法案件を数多く手掛けている。日本経済新聞社による第15回「企業法務・弁護士調査」の2019年に活躍した弁護士ランキングにおいて，データ関連分野で企業が選ぶ弁護士第5位に選出。Who's Who Legal: Japan 2021でDataのNational Leaderに選出。
（主要著作）
「改正対応！「実務に役立つ」「対話で学ぶ」個人情報保護法の基礎」（会社法務A2Z連載，2020年，共著），『実務担当者のための欧州データコンプライアンス──GDPRからeプライバシー規則まで』（別冊NBL，2019年，共著），『ビジネス法体系　知的財産法』（第一法規，2018年），『企業訴訟実務問題シリーズ　システム開発訴訟』（中央経済社，2017年，共著）

北山　昇（きたやま　のぼる）

森・濱田松本法律事務所　シニアアソシエイト弁護士
2008年立教大学法学部法学科卒業，2010年東京大学法科大学院修了，2011年弁護士登録。2017年〜19年に個人情報保護委員会事務局に出向し法令解釈，利活用支援，ガイドラインやQ＆Aの改訂および日EU相互認証（十分性認定）に向けた交渉を担当。2019年Bird＆Bird法律事務所（独・仏・白）に出向。2021年Georgetown University Law Center（National Security Law LLM）修了。Best Lawyers®（ベスト・ロイヤー）による，The 12th Edition of The Best Lawyers™ in Japanに選出（Privacy and Data Security Law部門）。
（主要著作）
「改正対応！「実務に役立つ」「対話で学ぶ」個人情報保護法の基礎」（会社法務A2Z連載，2020年，共著），「「個人情報の保護に関する法律に係るEU域内から十分性認定により移転を受けた個人データの取扱いに関する補完的ルール」の概要」（Business Law Journal，2018年12月）

令和2年改正個人情報保護法Q&A〈第2版〉

2020年8月1日	第1版第1刷発行
2020年11月20日	第1版第4刷発行
2022年2月10日	第2版第1刷発行
2022年6月10日	第2版第3刷発行

著　者　田　中　浩　之
　　　　北　山　　　昇

発行者　山　本　　　継

発行所　㈱中 央 経 済 社

発売元　㈱中央経済グループ
　　　　パ ブ リ ッ シ ング

〒101-0051　東京都千代田区神田神保町1-31-2
電話　03 (3293) 3371(編集代表)
　　　03 (3293) 3381(営業代表)
https://www.chuokeizai.co.jp

印刷／三 英 印 刷 ㈱
製本／㈲井 上 製 本 所

©2022
Printed in Japan